CIERRA LOS OJOS Y ABRE TU MENTE
Una guía práctica a la meditación espiritual

DADA NABHANIILANANDA

Comentarios de los lectores

Muchas gracias por compartir tu libro de meditación conmigo. ¡Me encontré cayendo en un estado de profunda felicidad después de leerlo!
— **Carol Susan Roth**, agente literario de San Francisco.

Dada tiene una cualidad especial para transmitir algunas de las verdades más profundas del mundo, tanto en un lenguaje claro y simple, como a través de anécdotas entretenidas e inspiradoras. Nos lleva a un mundo rico de realidades espirituales profundas, siempre de la mano para que no nos desviemos demasiado de su mensaje de simple elocuencia. Es este equilibrio que Dada logra lo que hace de este libro una lectura obligada para cualquier persona interesada, incluso remotamente, en la práctica de la meditación.
— *New Renaissance Magazine*, UK

La voz de Dada Nabhaniilananda es la de un amigo sabio, cortés y veraz. Él explica la meditación sin privarla de su misterio.
— **Sparrow**, EE UU, poeta y autor de *Republican Like me*; *Yes, You ARE a Revolutionary*; *America: A Prophecy*

Ya seas un principiante o un practicante consumado, este libro, con seguridad, te hará querer sentarte y cerrar los ojos.
— **Devashish Donald Acosta**, autor de *Historias de un maestro tántrico* y *Cuando llega el momento*

Felicito a Dada Nabhaniilananda por su libro enriquecedor y maravillosamente inspirador, sobre meditación espiritual como se enseña en la sagrada tradición del *Tantra* –libre de jerga y conceptos oscuros, siempre directo, franco y al corazón del tema. Con un golpe maestro, Dada ha contestado muchas preguntas comunes sobre la meditación, da consejos útiles y orientaciones sobre cómo practicarla entremezclados con sus historias sutilmente humorísticas, y aclara la esencia de meditar con profundidad y en forma práctica para el lector. No sólo comparte con nosotros los matices finos de la meditación con *mantras*, va más allá de muchos autores actuales sobre la meditación porque nos ofrece una mirada a las dimensiones sociales de la genuina espiritualidad. Este es un libro que transforma tanto a las personas como a la sociedad.
— **Dr. Kris Kang** (estudios sobre religión), coautor de *La vía meditativa: teoría y practica de la meditación budista*

Éste es precisamente el libro que me abrió los ojos a la espiritualidad y comenzó mi viaje de autodescubrimiento. El sentimiento de devoción y la lógica limpia del libro evocaron en mi interior el anhelo de espiritualidad. Nunca podré olvidar el libro que me llevó al primer paso. Me alegra que ahora el libro esté también en chino.
— **Lina Wang**, EE UU

Ésta es una introducción muy completa y accesible a la meditación. Es impresionante la manera en que Dada, sin esfuerzo, conduce al lector a través de conceptos muy sofisticados. Sin duda ha participado en gran medida en mi propio progreso personal de la última semana.
— **John Hills**, UK

Tu libro es un pequeño gran libro. Da una buena introducción a la meditación. Anécdotas vivaces de tu propia experiencia le dan vida y llevan a los lectores a pensar: "Bueno, si él puede hacerlo, ¡yo también puedo!"
— **Malati**, India

Ahora que se completó la traducción al chino, nos ha inspirado mucho tu libro *Cierra los ojos y abre tu mente*. Muchísimas gracias.
— **Sanjaya**, Taiwán

¡Qué alegría leer tu libro! Es claro y lo dice todo muy bien. Trae a la mente todo tipo de recuerdos; palabras que están escritas en mi mente universal, por así decirlo, y con toques de humor encantador.
— **Sherill**, EE UU

Es el primer libro que recomiendo a las personas que están interesadas en la meditación. Da una excelente explicación de lo que la meditación es y lo que no es y disipa muchos de los mitos que la rodean. También es un libro muy reconfortante, pues, de manera muy sucinta, describe por qué concentrarse puede ser difícil y cómo superar las distracciones. ¡Excelente, desde principiantes hasta practicantes experimentados!
— **Satya Tanner**, entrenadora de liderazgo para la Real Fuerza Aérea Australiana

Gracias, gracias, gracias, por su libro maravilloso y la claridad de su mensaje. Las coincidencias que surgieron entre mis pensamientos y su escrito fueron asombrosas y anticipo una práctica de meditación renovada y poderosa.
— Con gratitud, **Melissa**, EE UU

CIERRA LOS OJOS Y ABRE TU MENTE

Una guía práctica a
la meditación espiritual

DADA NABHANIILANANDA

CIERRA LOS OJOS Y ABRE TU MENTE
Una guía práctica a la meditación espiritual

DADA NABHANIILANANDA

Publicado por Innerworld Publications
San Germán, Puerto Rico
www.innerworldpublications.com

distribuido por Eternalwave
www.eternalwave.com

© Dada Nabhaniilananda 2015
4º edición
Todos los derechos reservados.

Library of Congress Control Number: 2015903813
ISBN 978-1-881717-39-3

Diseño de la Portada: Shivaru

Diseño: Jagadiish

Foto de contra-portada: Anirvan

Ilustración de *cakra*: Jagadiish

Dedicatoria

A un viejo amigo,
sin el cual este libro nunca habría sido escrito.

Reconocimientos

En primer lugar, me gustaría dar las gracias a todos mis alumnos de meditación, quienes a lo largo de los años me inspiraron con su sinceridad y sus preguntas perspicaces ayudándome a comprender cómo enseñar este tema con más eficacia. Muchos otros han ayudado con este libro en sus distintas ediciones. No puedo mencionarlos a todos, pero cabe destacar el apoyo de Jayanta Kumar, Malati, Devashish, Dada Jyotirupananda, Geoff Hooper, Krsna Deva, Phanendra, Manorainjan, Dada Giridevananda, Dada Maheshvarananda, Amal, Giridhara, Mahadeva, Rajiva, Jyotirmaya, John Hills, Ac. Devanistha, Dada Jagadiishananda, Jagadiish, Bhakti Devi, Dada Gunamuktananda, Gretchen Vogel, Brian Knittel, Maggie Finefrock, Viveka McEwen, Faye Bright, Visvarupa, Shiva Singh y Arati.

También quiero dar las gracias a mi *Acarya,* quien fue el primero que me enseñó meditación, a Dada Cidanandaji, quien me enseñó más. Y gracias, por encima de todos, a mi gurú Shrii Shrii Anandamurti. Hay algunas deudas que nunca podré pagar.

Índice

Introducción — 14

¿Por qué se ha vuelto la meditación tan ampliamente aceptada? — 14
La meditación es una práctica — 16
La meditación conduce al autoconocimiento — 17
Por qué escribí este libro — 17

Capítulo uno. Preguntas — 21

1. ¿Exactamente, qué es la meditación? — 21
2. ¿Qué es la espiritualidad? — 22
3. ¿Qué es autorrealización? — 22
4. ¿Cuál es la diferencia entre meditación y yoga? — 23
5. He intentado meditar pero no puedo dejar de pensar. ¿Estoy haciéndolo mal? — 23
6. ¿Es la meditación una ciencia? — 24
7. ¿La espiritualidad puede reconciliarse con el racionalismo científico? — 24
8. ¿Qué es misticismo? — 25
9. ¿Cuál es la diferencia entre espiritualidad y religión? — 25
10. ¿Qué es la meditación espiritual? — 27
11. ¿Cuál es la diferencia entre oración y meditación? — 28
12. ¿Hay que ser monje para tener éxito en la meditación? — 29
13. ¿No es egocéntrico sentarse a meditar todo el tiempo cuando hay tanto sufrimiento en el mundo? — 30
14. ¿Es la meditación una forma de lavado de cerebro? — 30
15. ¿Dónde se desarrolló por primera vez la práctica de la meditación? — 30
16. ¿Cuándo llegó la meditación a Occidente? — 31
17. ¿Qué tipo de meditación enseñas? — 32
18. Ustedes practican un solo tipo de meditación, ¿cómo pueden ser objetivos acerca de otros métodos? — 33
19. ¿Cómo saber si es la técnica de meditación correcta para mí? — 33
20. ¿Necesito tener un gurú para aprender meditación? — 34
21. ¿Cuánto cuesta la meditación? — 35
22. ¿Cuánto tiempo toma? — 35
23. ¿Qué beneficios has experimentado como resultado de la meditación? — 36
24. ¿Cuándo empezaré a sentir algo durante mi meditación? — 37
    Prueba esto — 39

Capítulo dos. Mantenimiento del burro — 41

    La importancia de la salud física para la meditación — 42
    Una plétora de consejos — 43
    ¿Qué es natural para los humanos? — 43
    Prevención de la enfermedad frente a tratamiento de la enfermedad — 44
    Nueve secretos de la salud de los yoguis — 46
        1. Dieta — 46
        2. Ejercicio apropiado — 48
        3. Baño — 48
        4. Beber agua — 49
        5. Ayuno — 49
        6. Meditación — 50
        7. Alimento crudo — 51
        8. Yogur — 51
        9. Reposo apropiado — 51
    Vegetarianismo — 52
        1. Yo no me como a mis amigos — 52
        2. Una dieta vegetariana es más sana — 53
        3. Seguir una dieta vegetariana ayuda a nuestro progreso espiritual — 54
        4. Es mejor para el medio ambiente — 54
    Mitos sobre comer carne — 55
        Mito 1: Necesitamos la carne por la proteína — 55
        Mito 2: Necesitamos la carne por la vitamina B1 — 55
        Mito 3: La necesitamos por los ácidos grasos Omega 3, 6, y 9 — 55
        Mito 4: Los vegetarianos son débiles y frágiles — 56
    Conclusión: — 57
    Prueba esto: recomendaciones clave — 58

Capítulo tres. Cierra los ojos — 59

    La felicidad viene de nuestro interior — 59
    Toma un descanso — 61
    Desconexión sensorial — 62
    Métodos artificiales de desconexión sensorial — 63
    El método natural de desconexión sensorial — 64
    El loto: postura del cuerpo que logra una diferencia — 64
    ¿Estás experimentando síntomas de desconexión? — 67
    Cansado o harto del estímulo sensorial — 68
    Prueba esto — 69

Capítulo cuatro. Desarrollo de la concentración — 71

    1. La mente debe tener un objeto. — 72
        La grabadora interior — 72

2. La mente puede pensar una sola cosa a la vez	73
Vivir en el futuro	74
Gente complicada	74
Vivir en el pasado	75
3. Te conviertes en lo que piensas	78
Concentración	80
Concentración en la meditación	81
Abriendo la puerta al descubrimiento de uno mismo	82
Prueba esto	84

Capítulo cinco. Mantra: La canción del mundo interior   86

Pensar en nuestra propia conciencia	86
1. El poder del sonido	87
El sonido afecta nuestras emociones	89
Mantra y *cakras*	89
Vrtiis. Propensiones mentales	91
Sánscrito. El idioma de los *mantras*	92
2. Respiración	93
3. El significado del *mantra*	93
El poder del pensamiento: tu objeto mental.	94
El poder del pensamiento positivo	95
Poder mental	97
Más allá del pensamiento positivo	98
Ejercicio: ¿Qué es lo que realmente quieres?	98
La Ideación del *mantra*	100
Prueba esto	101

Capítulo seis. Ego e intuición   103

Programación defectuosa	105
Fuera de curso	108
Yo lo hice	110
Más allá de la mente consciente	110
Intuición	114
Desarrollando la intuición	116
Prueba esto	118

Capítulo siete. Karma: sé tú mismo, todo lo demás está tomado   120

Recogerás lo que siembres	122
No te quejes, es voluntad de Dios	123

Desde el ojo de la mente	124
Psicología del yoga	126
Haciendo consciente lo inconsciente	128
El enfoque del meditador	131
Liberando la mente de *samskaras*	133
Plena conciencia	135
¿Qué es el desapego?	137
¿Buena suerte? ¿Mala suerte? ¿Quién sabe?	137
Prueba esto	139

Capítulo ocho. Abre los ojos   141

Apego sentimental	142
La evolución del sentimiento	144
Verdad relativa frente a verdad absoluta	146
Ley de *karma* y servicio	147
"Ama a todos, sirve a todos"	148
Cómo salvar al universo	150
El papel de un espiritualista en el mundo.	153
Mundo imaginal	155
La hermosa revolución	156
Prueba esto	157
Samgacchadvam	158

Apéndice A. Pasos siguientes en tu viaje   159

Aprendiendo a meditar	159
Técnica introductoria de la meditación	159

Apéndice B. Recomendaciones prácticas para mejorar tu meditación   161

1. Minimiza interrupciones	161
2. Medita a la misma hora del día	161
3. Dos veces al día en forma invariable	162
4. Medita en el mismo sitio	162
5. Medita con un estómago ligero	162
6. Medita en una postura cómoda y erguida	162
7. Rodéate de buena compañía	163
8. Lee libros que eleven el espíritu	163
9. Habla con un maestro de meditación	163
10. Persevera	163

ÍNDICE

Apéndice C. *Astaunga yoga* ocho etapas a la perfección — 165

   1. Yama: pautas éticas — 165
   2. Niyama: autorregulación — 166
   3. Asanas: posturas de yoga — 167
   4. Pranayama: control de la energía vital — 167
   5. Pratyahara: abandono de los sentidos — 168
   6. Dharana: concentración — 168
   7. Dhyana: meditación espiritual — 168
   8. Samadhi: trance espiritual — 168

Apéndice D. Lista de lecturas recomendadas — 170

   Algunos de mis libros favoritos — 170
   Sitios de la red para echar un vistazo — 170

Glosario de términos en sánscrito — 171

Kit casero de estudio de meditación. Oferta especial — 172

Introducción

Tu visión sólo se aclarará cuando veas el interior de tu corazón. Quien mira hacia afuera, sueña. Quien mira hacia adentro, despierta.

— Carl Jung

Nueva Zelanda, 1975. Empecé a practicar meditación y mis amigos concluyeron que finalmente había perdido el último tornillo. Parecía que era la única persona en el planeta Tierra que estaba en eso. Me sentí como un extraterrestre.

Nunca rehuí ser diferente, seguí mi corazón y terminé yendo a la India para entrenarme como maestro de meditación. En 1979 fui ordenado como Acharya (un monje de yoga y maestro espiritual).

Ciertamente, los tiempos han cambiado. Hoy en día todo el mundo parece pensar que la meditación es maravillosa. Costosas campañas publicitarias con imágenes de mujeres esbeltas meditando promueven aerolíneas, ropa, muebles, servicios jurídicos, incluso meditación. Después de 7000 años de historia de gente meditando, sintiéndose más serena y tranquila, médicos y científicos producen extensos documentos de investigación que demuestran que la meditación te hace sentir tranquilo y sereno. Ésta no sólo funciona en la práctica: ¡en teoría también funciona!

> Finalmente, la meditación es "buena onda".

Para aquellos que piensan que la meditación es algo raro, ¿sabías que Wolverine, de las películas de X-Men, medita? Al menos el actor que lo encarna, Hugh Jackman, sí. Por supuesto, también lo hace el Maestro Jedi Yoda.

No debemos suponer que todas las estrellas de Hollywood que se encuentran con el Dalai Lama son sólo planetas abandonados con la esperanza de recibir un poco de amor reflejado. Resulta que muchos de ellos en realidad practican la meditación. Lo que era una rareza en 1975, cuando estaba en el comienzo de mi viaje, ahora está más que bien. Finalmente, la meditación es "buena onda".

¿Por qué la meditación se ha vuelto tan ampliamente aceptada?

1. Reduce la tensión o estrés y promueve la buena salud. Un creciente número de doctores y científicos reconocen los benéficos efectos

INTRODUCCIÓN

fisiológicos de la meditación, especialmente en relación con el alivio del estrés y la relajación. La principal corriente de investigación y la extensa documentación corroboran sus beneficios significativos para la salud. Incluso la compañía de seguros de salud *Kaiser Permanente* ofrece la meditación a sus clientes.

2. Es algo práctico y que podemos hacer solos, a diferencia de ir a la iglesia o a terapia.

3. La meditación recibe una amplia cobertura mediática en la actualidad. Los entrenadores de deportistas y los profesionales del cuidado de la salud la promueven abiertamente; los editores de revistas y publicistas la describen como una parte normal de su vida diaria.

4. La cultura popular ahora incluye la meditación. Aunque primero se desarrolló en la India hace 7000 años y fue introducida en la antigua Grecia hace casi 3000 años, gran parte de este conocimiento contemplativo se perdió con el tiempo. Hace cinco siglos, los intelectuales europeos exploraron las filosofías místicas de Asia con raíces en la meditación, como un subproducto de la vasta exploración de todo el mundo en esa época. El siglo XX surgió con una nueva introducción a la meditación, pero fue necesaria la revolución del pensamiento de la generación de los años 60 y eventos como el de *The Beatles* aprendiendo a meditar para que se creara un reconocimiento público de esta práctica. A medida que la generación del *flower power* entra a la edad madura, muchos de sus jóvenes valores ganan una gran aceptación, lo que ocasiona que cuestionar los dogmas religiosos, actuar debido a la preocupación por el medio ambiente o usar terapias naturales para curarse sea normal hoy en día para muchas personas.

> La meditación es una forma sencilla de explorar nuestra propia espiritualidad personal.

5. En los últimos años hemos logrado acceso a vastas reservas de conocimiento de un mundo de culturas, eligiendo lo mejor de una gran variedad de tradiciones. Cuando se me pregunta por qué elegí una práctica espiritual que se originó en una cultura extranjera, respondo que sólo porque algo se surgió en otro país no significa que es inadecuado. Nadie cree que las computadoras, primero desarrolladas en los E.U.A., no son útiles en todas partes. La meditación nació en la India y tiene milenios de aceptación en Asia, pero la gente de diferentes orígenes experimenta directamente sus beneficios.

6. La meditación es una forma sencilla de explorar nuestra propia espiritualidad personal. Mientras que muchas personas están desilusionadas por la religión institucionalizada, la meditación nos

ofrece un método para entrar en nuestro propio mundo interior y experimentar una espiritualidad directa.

La meditación es una práctica

Aunque escuchamos las alabanzas de la meditación en cien idiomas, es sorprendente cómo sólo pocas personas meditan en realidad. Muchos piensan que la meditación es algo bueno y se dicen a sí mismos, o me dicen a mí, que ellos pretenden probarla un día, que creen en ella, pero en realidad no la practican. Esto es como decir "creo en la natación" sin dar alguna vez la primera brazada. No podemos experimentar los beneficios de la meditación si sólo leemos, escuchamos o filosofamos acerca de ella, ni siquiera si escuchamos la música de un cantante de rock que solía meditar, así como no podemos aprender a nadar en un libro sobre natación: un nadador tiene que saltar y mojarse. Si queremos entender lo que es la meditación, tenemos que practicarla.

> **Aquellos que eligen el camino de la autorrealización descubren un mundo interior de amor, felicidad y sabiduría más allá de la imaginación. ¡Cuánto mejor irradiar amor en lugar de simplemente reflejarlo!**

No obstante, aunque leer acerca de la meditación no es un buen sustituto de la práctica, es importante entender las bases que la sustentan y para qué sirve, pues a pesar de la gran cantidad de información disponible, siempre hay un poco de confusión al respecto.

En la actualidad, una razón común para practicar esta disciplina es aliviar el estrés. Pero la relajación no es su objetivo, es sólo un maravilloso efecto secundario. Este libro se centra en lo que los sabios del pasado consideraron el propósito principal de la meditación: encontrar nuestro *ser más profundo*. Desarrollaron métodos en tiempos en los que la relajación y el manejo del estrés no eran las principales preocupaciones de la humanidad. Así pues, la meditación tiene sus raíces en el conocimiento propagado por los sabios que habitaban la India antigua. Se desarrolló en respuesta al anhelo humano de conocer su ser interior, de conocer el mundo místico espiritual que algunas veces vislumbramos, pero que rara vez comprendemos.

La meditación es mucho más que una simple terapia, puede brindarnos satisfacción espiritual a un nivel más allá del entendimiento ordinario.

¿Quién puede entender la iluminación de Buda o el éxtasis de los santos y yoguis? Estas experiencias nos llevan más allá del pensamiento común, y aun así, meramente por la virtud de ser humanos, todos tenemos el potencial de alcanzar estos estados espirituales cada vez más elevados.

Las personas tienden a rehuir activamente la búsqueda de la iluminación por sí mismas. Después de todo, parece que es mucho trabajo y muy difícil alcanzar la iluminación en realidad, o incluso comprender lo que eso significa. En el pasado, la mayoría de la gente elegía adorar a los santos iluminados y yoguis en lugar de practicar meditación ellos mismos. Sin embargo, ahora, aquellos que eligen el camino de la autorrealización descubren un mundo interior de amor, felicidad y sabiduría más allá de la imaginación.

La meditación conduce al autoconocimiento

En 1979, cuando estuve en Nepal, durante mi entrenamiento como profesor de meditación, nos sentábamos a meditar por seis horas cada día. Mi mente se volvió tan clara y mi concentración tan aguda, que encontré que podía discernir fácilmente el conocimiento interior de difíciles libros filosóficos. Era como si ya supiera la información intuitivamente. Si queremos entender conceptos espirituales, es mejor practicar primero la meditación para desarrollar nuestra intuición en vez de únicamente estudiar ideas abstractas. Entendiéndonos primero a nosotros mismos a través de la meditación, más fácilmente entenderemos todo lo demás.

Si quieres conocer todo, conoce el Uno, y ese Uno es tu propio 'Yo' Interior.
— Shrii Shrii Anandamurtii

La comprensión espiritual no es un proceso intelectual, proviene del conocimiento interno y la realización personal. Algunos santos como Shrii Ramakrsna eran iletrados y aun así tenían un entendimiento más profundo de la *verdad absoluta* que los más grandes intelectuales o eruditos. Es por ello que este libro no es sobre filosofía, salud ni relajación, es puramente sobre la práctica de la meditación: la clave para una conciencia superior.

Por qué escribí este libro

En *Cierra los ojos y abre tu mente* mi objetivo es explicar la meditación de una forma sencilla, sin perder de vista su propósito espiritual más profundo. Maravillosos libros se han escrito acerca de este tema, pero no he encontrado uno que enseñe lo que he aprendido, y muchos de ellos son muy difíciles de entender. Aunque este libro es para el consumo general, originalmente lo escribí para mis estudiantes de la universidad. Como yo mismo estaba allí cuando me enteré de la meditación, me apasiona mostrarles su valor.

He aquí lo que encontrarás dentro de *Cierra los ojos y abre tu mente*:

1. **Preguntas:** responde a preguntas frecuentes, ayuda a eliminar dudas o confusiones y explica lo que se puede obtener de una práctica de meditación regular.
2. **Mantenimiento del burro:** revela secretos utilizados por los yoguis durante miles de años para mantener sus cuerpos sanos y fuertes para su práctica de meditación.
3. **Abre los ojos:** aclara el primer paso de la meditación: calmar la mente y dirigir la atención hacia nuestro yo interior.
4. **Concentración:** describe el enfoque y lo que significa estar en el momento presente.
5. **Mantra. La canción del mundo interior:** explica la ciencia auditiva y la función del sonido y las palabras para elevar nuestro estado de conciencia.
6. **Abre tu mente. Ego e intuición:** explora diferentes niveles de conciencia y demuestra la importancia de nuestra actitud en la determinación de la dirección de nuestras vidas.
7. **Karma. La ley de causa y efecto:** ilumina sobre este concepto a menudo incomprendido e ilustra cómo nuestras acciones afectan nuestro estado mental.
8. **Abre los ojos:** discute cómo podemos aplicar nuestros conocimientos a través de la meditación en beneficio de la sociedad y el mundo.

Hay diferentes clases de meditación espiritual que proceden de una variedad de tradiciones. No he practicado todas puesto que puede tomar toda una vida convertirse en experto en una sola técnica, aunque no creo que esto sea un problema.

> Si estamos en una tierra seca y necesitamos excavar para encontrar agua, un solo hoyo es suficiente. Pero debe ser profundo.

Si estamos en una tierra seca y necesitamos excavar para encontrar agua, un solo hoyo es suficiente, no obstante, debe ser profundo... Muchos agujeros de poca profundidad no saciarán nuestra sed. Los

INTRODUCCIÓN

> Nuestra meditación no sólo nos beneficia a nosotros mismos: nuestros esfuerzos crean ondas que tocan a los que nos rodean y se extienden hacia el exterior a través del universo de manera perpetua.

principios descritos aquí pueden aplicarse a cualquier tipo de meditación.

La naturaleza espiritual de los seres humanos es universal y la mente humana tiene las mismas características intrínsecas en todo el mundo. Creo que la regularidad de la práctica es más importante que el estilo que se practique. Si aprendemos una técnica efectiva y la aplicamos sinceramente, ésta será la manera de satisfacer nuestra sed espiritual.

Aunque la intención de este libro es una introducción práctica a la meditación, es importante recordar que ningún libro sustituye a un buen maestro. Si deseas instrucciones personales, te invito a encontrar un maestro espiritual. He incluido direcciones y sitios web en el apéndice para ayudarte en tu búsqueda.

La meditación trae un cambio para mejorar en todos los niveles: emocional, físico, mental y espiritual.

Cuando pienso en cómo hemos cambiado, tanto millones de personas alrededor del mundo, como yo gracias a la práctica de la meditación, me lleno de esperanza. Es evidente que la humanidad necesita una nueva visión. Tenemos que cambiar nosotros mismos desde adentro hacia afuera, y claramente hay una manera de hacerlo. Nuestra meditación no sólo nos beneficia a nosotros; nuestros esfuerzos crean ondas que tocan a los que nos rodean y se extienden hacia el exterior a través del universo de manera perpetua. Y a medida que la gente cambia, el mundo también cambia. Mi esperanza es que este libro te guíe en tu viaje interior mientras atraviesas este camino ascendente por el que, finalmente, todos debemos caminar.

— Dada Nabhaniilananda

Cuando empezamos a interesarnos en la meditación, es señal de que estamos listos para empezar un viaje a otro nivel. Mientras el viaje siga como algo externo, la meta real de nuestro esfuerzo nunca estará a la vista. Continuamos buscando nuestro destino afuera, sin entender que el 'Yo' que está haciendo la búsqueda es lo que realmente buscamos.

— Chuang-Tse

Capítulo uno

Preguntas

Lo importante es no parar de cuestionar. La curiosidad tiene su propia razón de existir. Uno no puede más que maravillarse cuando contempla los misterios de la eternidad, la vida, la maravillosa estructura de la realidad. Es suficiente si tan solo tratamos de comprender un poquito de este misterio cada día, sin perder la santa curiosidad.

— Albert Einstein

Cuando cerramos los ojos y entramos en el reino privado de nuestra mente nos encontramos en otro mundo. Allí todo es diferente. Los pensamientos se comportan de manera distinta a las cosas. Es verdad que experiencias, imágenes y recuerdos surgen desde el mundo exterior, pero los sentimientos, las sensaciones, las ideas y la comprensión se originan dentro de nosotros. Éstos interactúan con nuestras impresiones del mundo exterior para crear un universo interno con un terreno único, regido por sus propias leyes y por posibilidades aparentemente infinitas.

Hace mucho tiempo, deseando descubrir los misterios de este ser interior, los yoguis desarrollaron la práctica de la meditación. A través del dominio de esta práctica es posible entenderlo profundamente. Pero se puede ir más allá de eso. Por medio de ella podemos ganar control sobre nuestra mente, transformarnos y entender nuestro verdadero potencial.

> Por medio de la meditación podemos ganar control sobre nuestra mente, transformarnos y entender nuestro verdadero potencial.

Este libro explica cómo funciona la meditación y cómo practicarla. Para empezar, resolvamos algunas preguntas frecuentes.

1. ¿Exactamente, qué es la meditación?

La meditación ha sido definida como una forma de pensar concentrada, pero esto no se refiere a cualquier forma de pensamiento concentrado.

Concentrarse en amuletos de rocas o en helados no es meditación; ésto alude al proceso de concentrar la mente en la fuente de la conciencia en nuestro interior, lo que nos lleva a descubrir gradualmente que nuestra propia conciencia es infinita. Es por esto que la meta de la meditación algunas veces se describe como la *autorrealización*.

2. ¿Qué es la espiritualidad?

Primero déjenme aclarar que la *espiritualidad* no se debe confundir con el *espiritualismo* que involucra a *médiums*, clarividentes o psíquicos que se comunican con los muertos; se refiere a la *Conciencia Infinita*, la misma *verdad fundamental* entendida por los grandes maestros a través de la historia como Buda, Jesús o Krsna. La filosofía espiritual sostiene que la meta de la vida es unir la mente individual con la *Conciencia Infinita*, y la forma de lograrlo es a través de la práctica de la meditación.

3. ¿Qué es autorrealización?

El objetivo de la meditación es entender quiénes somos realmente en lo más profundo de nuestro ser. La filosofía del yoga describe dos niveles distintos de nuestro ser interior: mental (que incluye lo emocional) y espiritual.

El *ser mental* es llamado a veces mente individual. Es limitado porque está fuertemente asociado con nuestro - restringido - cuerpo físico y es el causante del sentimiento de "*Yo* soy esta persona individual". Éste es nuestro ego hablando, pero nuestro sentimiento de auto conciencia viene en realidad de nuestra conexión a una forma sutil de conciencia universal.

La filosofía yóguica sostiene que es el reflejo de una forma de *Conciencia Infinita* omnisciente que está dentro de nuestra mente, que es eterna e inmodificable y se encuentra en el núcleo de nuestro verdadero *ser* espiritual.

> Esta *Conciencia Infinita* es eterna e inmodificable y está en el núcleo de nuestro verdadero *ser* espiritual.

Llamamos *realidad relativa* a la identificación con el pequeño ser centrado en el ego, porque ese pequeño ser tiende a cambiar y a morir.

Cuando entendemos que hay una realidad más sutil y permanente detrás de la relativa y vemos que nuestra verdadera naturaleza es conciencia pura e ilimitada surge la autorrealización.

4. ¿Cuál es la diferencia entre meditación y yoga?

Para muchas personas la palabra yoga se refiere a una serie de ejercicios físicos que estiran y atan nuestros cuerpos en nudos imposibles, pero estas posturas físicas llamadas *asanas*, son únicamente uno de sus aspectos. Estas posturas físicas se practican porque benefician la salud y ayudan a preparar el cuerpo para la meditación. El yoga, además de ser una filosofía de vida, es un sistema de prácticas espirituales. Dicha palabra en realidad significa unión entre el ser individual y la *Conciencia Infinita*. La meditación es la práctica más importante en el sistema del yoga, pues es la forma en que esta unión se logra, así que es un sistema o la ciencia que le permite a un individuo desarrollarse física, mental y espiritualmente.

5. He intentado meditar, pero no puedo dejar de pensar. ¿Estoy haciéndolo mal?

La idea de dejar de pensar para meditar es incorrecta. Es cierto que en los estados espirituales más altos se suspenden los modos de pensamiento normal, pero para la mayoría de la gente eso está muy lejano. La manera de alcanzar este estado no es tratando de detener el pensamiento.

Puedes meditar con éxito al desarrollar tu concentración a través de la práctica regular. Tratar de no pensar en "nada" o detener el proceso del pensamiento sólo te frustrará. La mente necesita algo en qué centrarse.

Aquí es donde entra el *mantra*. Concéntrate mentalmente repitiendo el tuyo. Cuando otros pensamientos o sentimientos te distraen, tan pronto como te des cuenta, simplemente dirige tu atención de regreso a él. Es un poco como entrenar a un perro: se necesita paciencia y repetición.

Aprenderás acerca de la meditación con el *mantra* en el capítulo 5.

6. ¿Es la meditación una ciencia?

Ciencia (del latín *scientia*: conocimiento) se define comúnmente como la investigación o estudio de la naturaleza a través de la observación y el razonamiento destinados a encontrar la verdad. El término también se refiere al

> Tratar de no pensar en "nada" o detener el proceso del pensamiento sólo te frustrará. La mente necesita algo en qué centrarse.

cuerpo de conocimiento organizado que los humanos han alcanzado a través de este tipo de investigación.

Puesto que el enfoque yóguico de la espiritualidad utiliza observación y razonamiento para llegar a la verdad interior, y contiene un extenso cuerpo de conocimientos relacionados con la tradición del yoga, podemos considerarlo técnicamente como una ciencia, aunque algunos prefieren el término *espiritualidad racional*.

La meditación también ha sido descrita como una ciencia intuitiva. Extensas pruebas de laboratorio han demostrado sus efectos fisiológicos, pero esto sólo nos muestra los medibles. Si se registra el patrón de las ondas cerebrales de una persona, el resultado únicamente arrojará la medición de ondas físicas eléctricas; sin embargo, no nos dice exactamente lo que ésta piensa o siente. El único laboratorio apropiado para probar la meditación es la mente misma y los resultados se deben experimentar personalmente.

Otro nombre para esta ciencia es *Tantra*, la disciplina de la meditación espiritual, que le permite al practicante fusionar su mente individual con la *Conciencia Infinita*.

7. ¿La espiritualidad puede reconciliarse con el racionalismo científico?

La idea central de la espiritualidad: la *Conciencia Infinita* es la verdad absoluta, es común a la mayoría de las formas de misticismo asiáticas y occidentales. No es tan notable que esta idea sea ampliamente aceptada por místicos y filósofos, y que en el último siglo muchos científicos delinearan paralelismos entre la teoría cuántica y la visión mística de la realidad, tal como se describe en los textos antiguos del taoísmo, el budismo y el yoga.

Albert Einstein, y virtualmente todos sus contemporáneos, incluyendo a Werner Heisenberg, Niels Bohr, Erwing Schrödinger y Max Planck (la mayoría de los pioneros de la física moderna) testificaron creer en el misticismo. Cuando Werner Heisenberg descubrió el *principio de indeterminación* fue a India y conoció al poeta ganador del premio Nobel y gran yogui, Rabindranath Tagore, y se sintió enormemente aliviado de encontrar a alguien que no pensara que sus ideas eran tan

> Muchos científicos delinearon paralelismos entre la teoría cuántica y la visión mística de la realidad, tal como se describe en los textos antiguos del taoísmo, el budismo y el yoga.

locas. La filosofía antigua del yoga parece haber dicho más o menos lo mismo respecto a la realidad que la emergente *teoría cuántica*.

Este tema, aunque fascinante y objeto de mucho discurso, particularmente desde la década de 1960, está fuera del alcance de este libro. Si quieres aprender más sobre él, te recomiendo dos libros: *El tao de la física*, de Fritjof Capra, y *The Unity Principle*, de Steven Richheimer.

8. ¿Qué es misticismo?

El interminable esfuerzo por reducir la brecha entre lo finito y lo infinito es misticismo.
— Shrii Shrii Anandamurti

La más bella y profunda emoción que podemos experimentar es la sensación de lo místico. Está en la raíz de toda ciencia verdadera. Quien experimenta esta sensación como algo extraño, y no puede soportarla lleno de fascinación y admiración, es como si estuviera muerto. Esa profunda convicción emocional de la presencia de un poder racional superior, que es revelada en el incomprensible universo, es mi idea de Dios.
— Albert Einstein

9. ¿Cuál es la diferencia entre espiritualidad y religión?

Los fundadores de todas las grandes religiones enseñaron la espiritualidad, sin embargo, religión y espiritualidad no son lo mismo. Cuando a mi maestro le preguntaron si pretendía empezar una nueva religión, respondió:

"No me interesa la religión. Estoy interesado en los seres humanos, en la meta de los seres humanos y en la forma de reducir la distancia entre los dos".

Muchas religiones pueden afirmar lo mismo, pero la realidad es que muy frecuentemente la espiritualidad enseñada por los fundadores de esas religiones se ha perdido u oscurecido por el dogma y el ritual.

Hay profundas diferencias entre las enseñanzas de Cristo y las prácticas del cristianismo; entre lo que Krsna enseñó y el

> En todas las religiones principales hay tradiciones místicas que incluyen muchas de las características de la espiritualidad

hinduismo; entre las enseñanzas de Buda y el budismo. Las divisiones dentro de las religiones se desarrollan con el tiempo y causan conflictos, persecuciones, e incluso, guerras. Cuando revisamos los periodos más oscuros de la historia religiosa es difícil creer que la gente pueda apartarse tanto de las enseñanzas exaltadas de sus grandes preceptores. El mensaje original puede haber sido espiritual, pero ese espíritu se diluye a través de una variedad de procesos: malas traducciones e interpretaciones, la pérdida de la práctica de meditación espiritual; encubrimiento de conceptos espirituales en dogmas para ganancia personal, y conversión de las religiones en instituciones religioso-políticas.

Muchas religiones abrazan dogmas irracionales que no tienen nada que ver con la espiritualidad. Recuerdo que mi maestro reía por la superstición hindú de que bañarse en el río Ganges lava todos los pecados y garantiza un lugar en el cielo. "Si eso es cierto," dijo, "¡entonces los peces que viven en ese río deben ser las criaturas más espiritualmente evolucionadas en el mundo!".

Sólo porque un libro "sagrado" hace alguna declaración no significa necesariamente que es cierta. Algunas escrituras dicen que las mujeres tienen que volver a encarnarse como hombres con el fin de lograr la salvación. Otros textos establecen que sólo puedes llegar a Dios siguiendo — casualmente — ese mismo libro.

Nuestro sentido común puede distinguir entre dogmas y espiritualidad genuina. En todas las religiones principales hay tradiciones místicas que incluyen muchas de las características de la espiritualidad. Esto incluye a sufíes, místicos cristianos, yoguis y esenios, quienes representan una pequeña minoría y a menudo se les tilda de herejes y son perseguidos.

Lo que queda en nuestras diversas religiones es una mezcla confusa de la verdad espiritual y doctrinas dogmáticas, estrechas e irracionales, proclamadas como verdad por las autoridades religiosas por lo que si queremos clasificar los elementos espirituales, es importante entender las diferencias reales entre espiritualidad y dogma religioso. Con el paso del tiempo estas diferencias dentro de la corriente religiosa principal se han diversificada cada vez más. Aquí vemos características de la espiritualidad:

a. Es teísta. Apoya la creencia en la existencia de un Dios personal como creador y controlador del universo. Ten en mente que este es un concepto altamente desarrollado y racional de Dios o de *Conciencia Infinita*. La creencia religiosa puede ser teísta, como en el judaísmo, cristianismo, hinduismo, budismo tibetano e Islam, o ateo como en algunas formas de budismo de Theravada y de shintoísmo.

Las religiones dogmáticas generalmente tienen un concepto de Dios poco desarrollado e irracional, o no tienen ningún concepto de Él en absoluto.

b. No es dualista. Indica que el propósito de la vida humana es fusionarse uno mismo o el sentido del *yo* en la *Conciencia Infinita*. Las religiones teístas tienden a ser duales, proponen tanto una separación fundamental entre Dios y el mundo como la creencia de que el propósito de la vida humana es mantener una relación con Dios e ir al cielo después de morir.

c. Es práctica y puede ser experimentada y realizada a través de la meditación. Se centra en el interior y lleva al practicante hacia el conocimiento de sí mismo. Las religiones, por otra parte, acentúan la fe y la creencia. Aunque enseñan a la gente diferentes tipos de oración, la mayor parte de la práctica real se centra en lo externo, incluyendo rituales, festivales y ceremonias.

d. Es la elección de un estilo de vida que integra todos los aspectos de la existencia de una persona. La mayor parte de la religión es ritualista, por lo general comprende solo una parte de la vida de la persona y se practica principalmente en templos e iglesias; puede servir a su propio propósito de liberar a sus fieles de la ignorancia y la oscuridad espiritual sólo si se mantiene fiel a su espiritualidad original.

> La espiritualidad es la elección de un estilo de vida que integra todos los aspectos de la existencia de una persona.

10. ¿Qué es la meditación espiritual?

En la meditación nuestra mente se dirige hacia una idea espiritual. La forma más simple de concentrarse es pensar en amor, paz y felicidad infinitos o en una entidad que los incorpore. Podemos llamarle Dios, pero cómo le llamemos no es importante. Lo que es importante es recordar que este amor infinito está dentro de nosotros, que nos rodea y que siempre nos acompaña.

La meditación es la concentración en una idea espiritual asociada a la *Conciencia Infinita*, la fuente de nuestra conciencia. Mientras contemplamos esta amplia y bella idea, nuestra mente se transforma gradualmente en una conciencia pura, sin limitaciones.

La meditación espiritual es entonces, el esfuerzo de fusionar nuestro sentimiento de *yo* en la *Conciencia Infinita*.

11. ¿Cuál es la diferencia entre oración y meditación?

Esto dependerá exactamente de lo que significa para ti la palabra oración. Según dicen algunos expertos cristianos contemporáneos:

"La contemplación, o la meditación en algunos grupos, fue redescubierta en las épocas contemporáneas que comenzaron con las escrituras de Thomas Merton en los años 50 y los años 60. La palabra con la que la mayoría de los cristianos están más familiarizados es *oración*.

"Desafortunadamente, en Occidente, la oración se había convertido en algo funcional; algo que haces para alcanzar un efecto deseado que, con frecuencia, pone al ego a cargo de nuevo. Tan pronto como sientas que el rezo es una manera de conseguir lo que deseas, no estás ampliando tu conciencia de ninguna manera. Es la misma vieja conciencia, pero disfrazada: '¿Cómo puedo lograr que Dios haga lo que yo quiero?'. Es el mismo ser egocéntrico decidiendo lo que necesita, pero ahora, en vez de sólo manipular a todos los demás, intenta manipular a Dios.

"Ésta es una de las razones por las que la religión es tan peligrosa y, a menudo, tan engañosa. Si la religión no transforma a la gente a nivel de la mente y del corazón, termina dando a la gente egocéntrica una manera muy piadosa e intocable de estar por encima y en control. ¡Ahora Dios se convierte en el sistema de defensa de su pequeño ego! Incluso Jesús encontró que esto era cierto para los escribanos, los fariseos y los maestros de la ley."

— Adaptado de la fundación de CAC: *Llamada del evangelio a la acción compasiva y al rezo contemplativo*.

Yo iría más allá al decir que mientras esto se base en una concepción dualista de Dios, es decir, que los seres humanos y Dios se encuentran inherentemente separados, la oración no se puede considerar una meditación espiritual, pues ésta no pone ningún límite a nuestra realización, no es una práctica dualista y su meta es fusionar el sentimiento de nuestro *yo* interior con la *Conciencia Infinita*.

> Filosóficamente, rezar a Dios pidiéndole algo, o que haga algo, incluso para otra persona, es ilógico.

Las evidencias de la existencia de la religión se remontan a más de 40,000 años. Las primeras de ellas eran animistas, creían que las fuerzas de la naturaleza eran seres o dioses. Más adelante fueron panteístas, es decir, rendían culto a muchas deidades y asignaban el carácter de divinidad a las invisibles pero poderosas fuerzas de la naturaleza que dominaban la vida de la gente. Estos dioses temibles eran apaciguados por medio de oraciones o sacrificios. A medida que la sociedad evolucionaba, la poblacion gradualmente entendía que debía existir un solo poder conductor detrás de todas las fuerzas de la naturaleza. Así emergió la religión monoteísta, la creencia en un solo Dios, pero la relación seguía basada en el miedo, la adoración, el apaciguamiento y los intentos de persuadir a Dios de conceder favores especiales a los individuos. Aún hoy, algunas oraciones religiosas lo intentan. Filosóficamente, rezar a Dios pidiéndole algo, o que haga algo — incluso para otra persona — es ilógico.

Todas las escrituras teístas del mundo creen que Dios es una entidad que lo sabe todo (es omnisciente), es infinitamente benevolente Dios es amor, que ya sabe si la madre de alguien está enferma, o si alguien es infeliz, y por extensión lógica se preocupa lo suficiente por hacer lo que sea necesario para ayudar. Cualquier preocupación o idea que tengamos se origina en Él, así que decirle a Dios cómo manejar el universo resulta inapropiado, por decir lo mínimo.

En la filosofía del yoga se dice que como la *Conciencia Infinita* nos ha dado todo, no deberíamos pedirle nada a esta entidad. Pero si insistimos en pedir algo, debemos pedir solamente más amor para Dios. Esto se conoce como devoción.

El rezo toma varias formas: como intercesión pide la injerencia de Dios en nuestros asuntos. Algunas formas más desarrolladas incluyen oraciones de gratitud, de veneración, contemplativas y meditativas. Éstas pueden llevar al devoto más cerca de Dios a través del cultivo de la devoción, que es el sentimiento de atracción hacia la *Conciencia Infinita*.

Considero que todos los grandes maestros espirituales practicaron una clase de meditación e iniciaron a sus discípulos más cercanos en esta práctica. Ésta era su atesorada *enseñanza interna*. Sin embargo, con el paso del tiempo, esta porción esotérica de sus enseñanzas fue perdida o diluida, y los seguidores posteriores recibieron solamente las enseñanzas más superficiales sobre moralidad y filosofía. ¿Cuál es la clave para realizar lo que lograron estos individuos iluminados? ¡Meditación espiritual! Algunas formas sutiles de oración contemplativa se podrían también describir como tal.

12. ¿Hay que ser monje para tener éxito en la meditación?

Claro que no. Buda era un monje, pero Shiva, considerado por muchos el padre del yoga, tenía tres esposas (esto no era inusual hace 7,000 años). Swami Vivekananda era un monje; mi propio gurú, Shrii Shrii Anandamurti, estaba casado. Muchos otros grandes espiritualistas eran mujeres como Santa Teresa de Ávila - una monja - y Anandamayi Ma - quien estaba casada -.

Elegí ser monje por razones personales y prácticas. Esta opción no se debe ver como ninguna clase de requisito previo para la práctica espiritual para el éxito en la trayectoria espiritual.

13. ¿No es egocéntrico sentarse a meditar todo el tiempo cuando hay tanto sufrimiento en el mundo?

Esto depende de qué harías si no meditaras. Si la respuesta es "ver televisión", medita. Pero si significa que no le prestas atención a tu familia o que la utilizas como una excusa para evitar hacer algo por los demás, ya es otra cosa.

Encuentra más detalles sobre este tema en el capítulo siete.

14. ¿Es la meditación una forma de lavado de cerebro?

Aunque no hay duda de que la mente de algunas personas mejoraría con un buen lavado, debo decir que la meditación se trata de esto. Usualmente cuando la gente expresa preocupación acerca del lavado de cerebro, lo que realmente teme es perder el control sobre su mente o ser manipulada.

En realidad, la meditación nos ayuda a protegernos de la manipulación mental por medio del fortalecimiento de nuestra voluntad y a hacernos más conscientes de nosotros mismos.

Si ustedes están seriamente preocupados por que otras personas manipulen su mente para su propio beneficio, lo primero que sugiero es que apaguen la televisión, un electrodoméstico utilizado efectivamente por compañías y políticos que buscan influenciar el comportamiento de su audiencia.

> Si ustedes están seriamente preocupados de que otras personas manipulen su mente para su propio beneficio, lo primero que yo sugiero es que apaguen la televisión.

15. ¿Dónde se desarrolló por primera vez la práctica de la meditación?

La meditación tántrica fue desarrollada inicialmente por las tribus del sur de India hace diez o quince mil años como una expresión del deseo natural de entender su propia conciencia. Shiva, el gran yogui de la India antigua, la desarrolló aún más hace más o menos siete mil años. Desde entonces, esta práctica ha sido propagada y asimilada por diferentes tradiciones místicas, incluyendo el yoga, el taoísmo, el sufismo, el budismo zen y el budismo tibetano. Prácticas similares también han surgido en las culturas indígenas.

16. ¿Cuándo llegó la meditación a Occidente?

La práctica de la meditación fue introducida en Europa en la época de los antiguos griegos, algunos de los cuales viajaron al oriente y aprendieron de los yoguis y filósofos de la India.

Alejandro Magno, estudiante de Aristóteles, trajo con él a un yogui de la India para que fuera su consejero espiritual. El gran místico griego y reformador social Apolonio encontró sabiduría en el Oriente y fue reverenciado por su poder espiritual. Defensor de la religión universal, propagó la idea del culto interno en lugar del culto externo. Rehusó sobreponer un culto popular a otro y declaró que "estaba más interesado en el espíritu que en la forma de la religión".

> Una celebración más refinada de esta fusión de culturas se expresa en las escrituras del gran místico y filósofo indio Shrii Shrii Anandamurti.

Las primeras religiones egipcias y judaicas fueron influidas fuertemente por el misticismo asiático. Mucha gente cree que Jesús practicó y enseñó una forma de meditación de Yoga que aprendió en la India durante 18 años de su vida, sin embargo no hay registro de ello en la Biblia.

Después del colapso de la mitad occidental del Imperio Romano en el siglo IV, cuando la mayoría de las bibliotecas de Europa fueron quemadas, las prácticas de meditación yóguica se extinguieron en Occidente. Más adelante, tanto el misticismo indígena como el cristiano fueron suprimidos activamente, particularmente durante el oscuro periodo de la Inquisición. Europa se convirtió en un desierto espiritual que centró su atención en el desarrollo intelectual y tecnológico, el militarismo, el comercio, la exploración y la conquista. Las instituciones religiosas comenzaron a tomar un mayor interés en la política que en la espiritualidad.

A mediados del siglo XIX comenzó un renacimiento espiritual en la civilización occidental encabezado por pensadores transcendentales como Ralph Waldo Emerson y David Thoreau, y con la reintroducción de las prácticas asiáticas de la meditación de Swami Vivekananda, el discípulo más estimado del gran santo indio, Sri Ramakrishna.

Vivekananda fue el primer maestro yogui moderno en venir a Occidente a principios del siglo XX. Este periodo vio emerger a los teósofos y la escuela antroposófica de Rudolf Steiner, así como un creciente interés en el misticismo oriental entre los intelectuales europeos como Carl Jung, Aldous Huxley y Herman Hesse. Otros profesores orientales siguieron a Swami Vivekananda. La década de 1960 fomentó una explosión del interés en la espiritualidad oriental en Europa y América que se extendió rápidamente por todo el globo, incluso hasta Nueva Zelanda.

Una celebración más refinada de esta fusión de culturas se expresa en las escrituras del gran místico y filósofo indio Shrii Shrii Anandamurti (1922 - 1990), primer maestro espiritual que conjuntó de manera armoniosa la racionalidad occidental y el misticismo oriental. Él fue el fundador del moderno movimiento espiritual *Ananda Marga*, que significa el *sendero de la bienaventuranza*. (Si deseas saber más sobre su vida y enseñanzas, te recomiendo su biografía traducida: *Anandamurti: The Jamalpur Years* de Devashish Acosta.)

Aunque la meditación se originó en el sur de India en tiempos remotos, su influencia se puede encontrar en muchas tradiciones espirituales. Hoy en día continúa tratando la necesidad humana universal del conocimiento de sí mismo y de la realización espiritual.

17. ¿Qué tipo de meditación enseñas?

Tanto otras profesores como yo enseñamos una forma de meditación tántrica a través de la escuela moderna de yoga y meditación, Ananda Marga. La naturaleza del objeto o la idea que ustedes escogen para concentrarse o para meditar determinará el resultado.

La meditación puede hacerse para crecer espiritualmente, para relajarse y reducir el estrés, o aun por otras razones, como tener éxito en los deportes o en la profesión. La característica distintiva de todas las técnicas de meditación, según lo enseñado en las grandes tradiciones espirituales, existe una sola meta: fusionarse con y hacerse uno con la *Conciencia Infinita*; la meditación nos ayuda a darnos cuenta de que hemos sido siempre uno con ésta.

> La naturaleza del objeto o la idea que ustedes escogen para concentrarse o para meditar determinará el resultado.

En la meditación tántrica el practicante aprende una técnica personal a través de un proceso de iniciación y se le enseña un *mantra* que es repetido mentalmente. Además, aprende cómo separar la mente del mundo externo y cómo concentrarse internamente. La meta primordial de la es fusionar la conciencia individual con la *Conciencia Infinita*.

18. Ustedes practican un solo tipo de meditación, ¿cómo pueden ser objetivos acerca de otros métodos?

Solamente un alma iluminada es perfectamente objetiva. La técnica que estoy practicando es la mejor que he encontrado, de lo contrario, estaría haciendo otra cosa. Trato de mantener mi mente abierta, y gracias al estudio de una amplia variedad de enseñanzas, entiendo que existen principios psicológicos y espirituales comunes que se pueden utilizar en estas prácticas. La amplitud con que estos conceptos sean entendidos y aplicados determinará la efectividad de una técnica para conducirnos a través del sendero del progreso espiritual.

Por ejemplo: el concepto psicológico de "se es lo que se piensa" es ampliamente aceptado. Cuando este principio se aplica a la meditación significa que debemos concentrarnos en la idea de la *Conciencia Infinita* para estar serenos, ser amorosos y estar conscientes de Dios. Pero si desde nuestra infancia nos han enseñado a sentirnos culpables o temerosos ante Él, será mucho más difícil practicarla. Si, por otro lado, se nos enseña que somos los hijos del *Divino* y que nuestra verdadera naturaleza es perfecta y amorosa, entonces el sentimiento de bienaventuranza en la meditación se experimenta con naturalidad.

No es necesario aprender todas las técnicas para comprender cómo funcionan, pues es una tarea imposible para solo una vida

19. ¿Cómo saber si es la técnica de meditación correcta para mí?

Algunas cosas las debes decidir por ti mismo. Si encuentras una práctica que tiene sentido para ti, te sugiero que la pruebes. Si experimentas que está trayendo la clase de cambios que deseas, continúa. Si experimentas dificultades, sé paciente. No cambies precipitadamente a otra técnica ya que, puedes encontrar el mismo problema de nuevo y verte forzado a entender que el problema estaba en ti, no en la técnica. Si aun después de haber dado lo mejor de ti no funciona, entonces prueba algo diferente, pero no te quedes en la búsqueda. Debes tratar de encontrar una técnica que te satisfaga y comprometerte con ella.

¿Recuerdas esos hoyos que cavamos para buscar agua? Si continuamos abriendo nuevos hoyos, en poco tiempo vamos a estar demasiado sedientos.

20. ¿Necesito tener un gurú para aprender meditación?

La palabra *gurú* significa 'el que disipa la oscuridad'. En realidad se refiere a la *Conciencia Infinita* que actúa como maestro espiritual y guía de las almas individuales. Así que, como la *ésta* es omnipresente, el verdadero gurú ya está dentro de nosotros.

> El verdadero *gurú* ya está dentro de nosotros.

Cuando una persona ha alcanzado la autorrealización, usualmente nos referimos a él o ella como *gurú* porque la *Conciencia Infinita* en él o en ella puede hablar y actuar sin la distorsión que causa el ego. Está entonces en una posición idónea para desempeñar el papel de un perfecto maestro y guía espiritual para otros.

En el *Bhagavad Giita*, Arjuna le preguntó a su gurú Krsna si era posible alcanzar la iluminación con la ayuda del *divino gurú* interior, sin la asistencia de un gurú en forma física. Krsna le respondió que no es esencial tener un gurú físico, pero si no lo tenemos, probablemente tome diez mil veces más tiempo alcanzar la iluminación.

Hace treinta años yo quería aprender a meditar, pero no sabía cómo empezar. Leí algunos libros al respecto, y, con la sabiduría que pude obtener de sus páginas empecé a practicar. Esto no significa que fuera totalmente autodidacta, pues aprendía de varios autores indirectamente. Algunos de mis primeros profesores ya estaban muertos. Rápidamente entendí que necesitaba una guía más clara, así que empecé mi búsqueda para encontrar un maestro o gurú que estuviera vivo.

> Cuando entramos en el reino misterioso de la conciencia, la vía más racional es seguir el consejo de un guía que conozca bien el territorio.

Que ustedes lean este libro indica que quieren información acerca de la meditación. Todo el conocimiento en este libro viene, directa o indirectamente, de un gurú. Todos los libros espirituales del mundo derivan literalmente sus ideas de grandes maestros espirituales. Los gurúes son los pioneros que están antes de nosotros en el sendero espiritual e iluminan el camino a los que siguen.

Algunas personas creen que tener a un gurú significa que debes seguirlo ciegamente. Esto es una idea falsa. Mi gurú, Shrii Shrii Anandamurtii, citó varias veces una antigua escritura que decía que si un niño dice algo racional debemos aceptarlo, y si Dios mismo dice algo irracional debemos descartarlo como a la paja. La espiritualidad genuina reconoce racionalidad.

¿Y cuál es la vía más racional cuando se busca el auto conocimiento?

Cuando entramos en el reino misterioso de la conciencia, la vía más racional es seguir el consejo de un guía que conozca bien el territorio.

En ocasiones éste puede ser decepcionante y difícil de recorrer. Si lees sobre las vidas de grandes místicos como San Francisco de Asís o de Milarepa de Tíbet, verán que todos ellos enfrentaron muchos retos y pruebas para superar las tentaciones del placer y del poder para lograr grandeza verdadera. En estas etapas elevadas de la trayectoria espiritual la dirección del gurú es muy importante.

Si no tienes la oportunidad de conocer personalmente a un gurú verdadero (pues son pocos y están lejos), no te desesperes. Es posible aprender de ellos a través de sus escritos, de su ejemplo inspirador o directamente de personas que han sido encargadas de transmitir sus enseñanzas y técnicas. A través de la meditación es posible establecer una relación personal con tu propio gurú interno.

21. ¿Cuánto cuesta la meditación?

Tradicionalmente la meditación espiritual ha sido enseñada de forma gratuita y está disponible para todos sin importar el estatus económico de la persona. La meditación es una práctica espiritual sutil, y unir un valor monetario a la misma, corrompe y degrada este regalo. Sin embargo, hay un precio personal pues, para obtener resultados de la meditación tienes que poner de tu parte tu valioso tiempo y esfuerzo.

22. ¿Cuánto tiempo toma?

Yo recomiendo a los principiantes que dediquen a la meditación por lo menos 15 minutos dos veces al día. Más adelante este tiempo se puede incrementar a dos sesiones de media hora. Esto dará buenos resultados, aunque algunas personas prefieren meditar por periodos más largos y experimentar beneficios aún mayores. El resultado de la meditación está directamente relacionado con lo que uno invierte en ella.

23. ¿Qué beneficios has experimentado como resultado de la meditación?

Las ventajas de esta práctica que he experimentado personalmente incluyen:

a) **Aumento de paz mental.**

b) **Un mayor equilibrio emocional.** Soy músico y puedo decirles que es un verdadero beneficio para quienes tienen un temperamento artístico.

c) Más creatividad. Siempre he practicado una variedad de arte creativo, y, cuando empecé a meditar sentí que había encontrado una nueva fuente de inspiración, ideas y entendimiento. Muchos escritores, músicos y pensadores informan que su inspiración viene generalmente cuando la mente está tranquila. Parece bastante natural que el efecto calmante de la meditación debe darnos un acceso más fácil a los niveles creativos más profundos de nuestra mente.

d) Descubrí un profundo sentimiento de **tener un propósito en la vida**. Tengo la creciente sensación de que la vida se mueve en una dirección positiva, hacia una mayor conciencia, y un mayor sentimiento de unidad y armonía. Siento que formo parte del mismo flujo de evolución consciente.

e) Mejora de la conciencia de mí mismo. La práctica introspectiva nos hace más conscientes de nuestras motivaciones y cualidades. Esto no siempre es algo cómodo, pero si no nos vemos como realmente somos, ¿cómo podemos mejorar? Muchas veces es inspirador descubrir el increíble potencial interior que tenemos.

f) Un creciente sentido de amor universal. Como estoy más en contacto con la fuente de mi propia conciencia, me es más fácil descubrir esa conciencia en todas las cosas. Siento más amor dentro de mí, más amor y compasión por los demás.

> Estoy más equilibrado emocionalmente, soy más creativo, me he desarrollado como persona; la vida tiene un sentido profundo para mí, me siento más cerca de Dios, más cerca de la gente, siento más amor. Por supuesto, soy más feliz. ¡Tendría que estar loco para no serlo!

Esto me ayuda, naturalmente, a relacionarme con otros con facilidad.

g) Buena salud. Llevo una vida muy ocupada; viajo con frecuencia con demandas constantes en mi tiempo. Con todo, no sufro de las enfermedades relacionadas con el estrés que afligen a mucha gente ocupada. La meditación y un estilo de vida natural asociado a ella son, definitivamente, la receta para una vida larga y saludable.

h) Mayor fuerza de voluntad y concentración. A través de los años he notado que mi mente se ha vuelto más clara y fuerte. Los músculos se desarrollan si los ejercitamos. Lo mismo pasa con la mente.

i) Esperar con entusiasmo el momento de meditar. Realmente disfruto la meditación. Algunas veces resulta difícil concentrarse, pero cuando fluye realmente es intensamente gratificante, más que cualquier cosa que haya experimentado antes. Es mucho mejor que tomar drogas o eso es lo que me han dicho.

j) Sentirme más feliz. Soy mucho más feliz de lo que era antes de empezar este sendero y este sentimiento ha ido creciendo a través de los años.

Estoy más equilibrado emocionalmente, soy más creativo, me he desarrollado como persona, la vida tiene un sentido profundo para mí, me siento más cerca de Dios, más cerca de la gente, siento más amor. Por supuesto, soy más feliz. ¡Tendría que estar loco para no serlo!

24. ¿Cuándo empezaré a sentir algo durante mi meditación?

Esto depende de cada uno. He aquí lo que le sucedió a un amigo mío:

A principios de los años 70, Steve, un hombre joven que vivía en Auckland, Nueva Zelanda y sus amigos se interesaron en la meditación. Todos ellos aprendieron de un yogui, un acharya de Ananda Marga, como yo. Después de aprender a meditar, Steve practicaba regularmente,treinta minutos dos veces al día, pero no sentía ningún efecto. Después de una semana o dos empezó a preocuparse y le preguntó a su maestro qué estaba haciendo mal. El maestro lo tranquilizó y le dijo que lo único que necesitaba era ser paciente y continuar con la práctica.

Al mismo tiempo todos los amigos de Steve estaban disfrutando de su meditación, algunos de ellos, inclusive, tenían experiencias interesantes. Él continuó. Después de dos semanas estaba bastante frustrado, volvió a donde su maestro una vez más y le dijo que no estaba seguro si podía seguir adelante. El maestro le respondió: Vamos a tener un retiro espiritual en quince días durante el fin de semana, estoy seguro que si continuas la práctica y vienes, algo va a pasar.

Steve aceptó un poco reacio seguir tratando. Tenía miedo de rendirse y que sus amigos lo ridiculizaran; siguió intentando, pero empezó a odiar la meditación. Cuando llegó el momento del retiro no quería ir, pero como había dicho que iría, ya no se podía echar para atrás sin que se viera como un fracaso.

El retiro era en la isla de Waiheke, y todos habían planeado reunirse por la mañana en el transbordador, pero resultó que la casa de Steve estaba infestada de unos insectos que se comen la madera, llamados *Bora*. Puesto que iba a salir, planeó encender una "bomba anti-Bora". Este recipiente de gas venenoso mata a estos insectos e impide que se coman la madera; de lo contrario, eventualmente debilitarían la madera y harían la casa inhabitable. Así que sacó su equipaje y encendió su bomba, salió y le puso seguro a la puerta. Cuando llegó a la parada de autobús se dio cuenta que había olvidado la cartera. Parte de él pensó:

Perfecto ahora perderé el autobús, no llegaré al transbordador y no tendré que ir al retiro. Pero pensó que todavía tenía que intentar llegar allí en caso de que sus amigos le preguntaran, así que corrió a casa. Tuvo que esperar a que su respiración se calmara antes de entrar al lugar lleno de gas venenoso. Cuando su respiración se normalizó, entró a la casa. Sosteniendo el aire tomó su cartera y volvió a la parada del autobús, pero éste ya había partido.

Bueno - pensó - supongo que debo intentar que alguien me recoja en la carretera. Estaba seguro de que nadie iba a parar, ya que lo había intentado en otras ocasiones y nunca le había resultado, así que se paró allí a esperar, hizo la señal con su pulgar y el primer carro que pasó, se detuvo.

- ¿A dónde va? - preguntó el conductor
- Al transbordador-
- No hay problema, yo también voy para allá.

Estaba atrapado.

Llegó al transbordador justo a tiempo para encontrarse con sus amigos, y unos minutos después estaba atrapado en la isla meditando, cantando, comiendo comida vegetariana; todo lo que ahora había empezado a detestar. Su meditación era peor que nunca y estaba totalmente deprimido. Todos los demás estaban tan felices y tan emocionados que pensó que era la única persona en el mundo que no podía meditar.

Si no hubiera estado en una isla, se habría ido a casa.

Finalmente, la última sesión de meditación del retiro empezó y él pensó, "ésta es la última vez que voy a meditar en mi vida. ¡Fantástico!"

Todos cantaban tan felices y él pensaba, "¿y eso qué? ¿a quién le importa? Sólo quiero irme de aquí".

Se sentó a hacer lo que pensó iba a ser en verdad la última meditación de su vida, pero segundos después de cerrar los ojos tuvo una experiencia extraordinaria: sintió como si le hubieran quitado la parte superior de la cabeza y hubiera sido abierta al universo entero. Perdió todo el conocimiento de su cuerpo y se disolvió en un trance dichoso. Luego se sintió abrumado y fue a decirle a todos: ¡Funciona, funciona!, como un tonto. De modo que, después de todo, ésta no fue la última vez que practicó la meditación.

Un amigo le llamó a eso *mi historia de abrelatas*.

Entonces, ¿cuándo vamos a sentir algo durante nuestra meditación? La mente de todos es diferente, así que es muy difícil responder esta pregunta de una manera precisa. Algunas personas que conozco han tenido experiencias increíbles desde el primer día que se sentaron a meditar. Es más común que la gente la encuentre difícil al principio, luego empiezan a disfrutarla a medida que desarrollan mayor concentración y quietud mental. Algunos, como Steve, tienen cuentos dramáticos para relatar, otros se rinden y nunca saben lo que pudo haber pasado si hubieran persistido tan solo un poquito más. De la historia de Steve es importante entender que todas esas semanas durante las cuales pensó que no pasaba nada durante su meditación, eran realmente parte esencial del proceso. Un cambio profundo se estaba dando dentro de él en todo ese tiempo, sólo que tardó en salir a la superficie.

Si realmente queremos saber cuánto tiempo tendremos que practicar meditación antes de poder saborear los beneficios, únicamente hay una forma de saberlo: cuanto antes empecemos, más pronto lo sabremos.

Así que cierra los ojos y abre tu mente, acepta que la práctica de la meditación implica tiempo y esfuerzo. Si la acoges con sinceridad, estoy seguro de que agradecerás el día en que lo hiciste.

> esas semanas durante las cuales pensó que no pasaba nada durante su meditación, eran realmente parte esencial del proceso.

25. Prueba esto

- Aquí hay algunas preguntas que te puedes hacer. Sugiero que anotes las respuestas y comiences un diario de meditación para que no pierdas de vista tus pensamientos y logros mientras progresas en tu viaje.
- Intenta contestar tus propias preguntas con detalle, lo más específicamente posible.

1. ¿Qué deseo de la meditación?
2. ¿Qué es lo que realmente espero obtener de la meditación?
3. ¿Qué estoy dispuesto a hacer durante mi práctica de meditación?

Puedes perseguir una mariposa por todo el campo y nunca atraparla, pero si te sientas tranquilamente en la hierba, ella vendrá y se sentará en tu hombro.
— Autor desconocido

Capítulo dos

Mantenimiento del burro

San Francisco de Asís se refería a su cuerpo como su "burro". Esto parece una metáfora apropiada para nuestro sistema del cuerpo/mente. *El Mahabharata*, la gran epopeya india (que incluye el Bhagavad Giita) utiliza un simbolismo similar: aquí la carreta y el conductor representan el cuerpo y la mente. Los caballos son nuestros sentidos y el pasajero es el testigo interno o el alma (el *Atman* en sánscrito).

Si consideramos que el cuerpo es un vehículo para la mente, ¿qué implica esto? La experiencia de conducir un vehículo bien mantenido y con buen funcionamiento es absolutamente diferente de la de conducir una vieja carcacha descuidada en sus últimas etapas. El estado de nuestra mente está afectado por la condición de nuestro cuerpo y viceversa. Si yo fuera un coche preferiría, en gran medida, que el conductor no estuviera borracho o con sueño. ¿Cómo puedes pensar con claridad cuando tienes un resfriado o fiebre? ¿Y qué vitalidad tienes si estás deprimido? Cuando el cuerpo o la mente están desequilibrados, el otro también sufre. Cuando el cuerpo tiene óptima salud nos sentimos mejor emocionalmente y pensamos con más claridad.

> Cuando el cuerpo o la mente están desequilibrados, el otro también sufre. Cuando el cuerpo tiene óptima salud, nos sentimos mejor emocionalmente y pensamos con más claridad.

La conexión mente/cuerpo ha sido reconocida por milenios, pero recientemente hemos comenzado a entender cómo trabaja en términos de bioquímica. Mediante la investigación de científicos como el biólogo celular Dr. Bruce Lipton, autor de *The Biology of Belief*, hemos aprendido cómo nuestros estados de ánimo y nuestros pensamientos pueden cambiar la química de nuestro cuerpo e incluso nuestro ADN. Te guste o no, nuestro cuerpo y mente se ensamblan en una danza permanente a cada minuto. Pienso que es una buena idea mantener esta relación armoniosa, pues es una pareja que realmente no deseamos que contemple el divorcio.

A la luz de todo esto, me sorprende que mucha gente descuide su salud física. La mayoría de la gente cuida más sus coches que sus cuerpos. No consideraríamos llenar nuestro coche con gasolina sucia; sin embargo, no pensamos al poner toda clase de comida chatarra en nuestros propios cuerpos.

Un meditador que busca mantener una conciencia elevada necesita saber cómo mantener el cuerpo y la mente en óptima salud. Los yoguis desarrollaron hace tiempo un sistema completo de prácticas diseñado para hacer justo eso. Estos secretos se encuentran en las tradiciones de yoga, de *Tantra* y de medicina ayurvédica.

La importancia de la salud física para la meditación

> En la meditación entrenamos nuestras mentes para tener los impulsos bajo control. Comer alimentos o beber sustancias que nos hacen perder el control hace esto mucho más difícil.

Para mejores resultados en la meditación necesitamos un cuerpo flexible que esté libre de enfermedad y con un flujo equilibrado de energía. Esto mejora nuestra concentración e implica más que simplemente no enfermar y poder sentarse tranquilo y derecho.

La actividad de nuestro sistema nervioso y del sistema glandular afecta directamente al flujo de la energía vital - prana - en nuestro cuerpo, y esto afecta nuestro estado mental. Para mejores resultados en la meditación, nuestros nervios, glándulas y el sistema de energía vital de cakras necesitan estar en armonía. Tratamos más sobre cakras en el capítulo cinco. Por ahora solo velos como algo que mantiene un flujo equilibrado de energía vital en todo el cuerpo.

En yoga el cuerpo físico se llama Annamaya Kosa, literalmente la capa de la mente que se compone del alimento. Lo que comemos y bebemos influye nuestro estado mental. Todos sabemos que comer demasiado azúcar hace que los niños pequeños sean hiperactivos e incontrolables, o cómo incluso pequeñas cantidades de alcohol afectan nuestra capacidad de conducir. En la meditación entrenamos nuestras mentes para tener los impulsos bajo control. Comer alimentos o beber sustancias que nos hacen perder el control hace esto mucho más difícil.

Una plétora de consejos

Actualmente nos encontramos abrumados con información contradictoria sobre la salud. En ocasiones parece cuasi-religioso o se asocia a promociones de productos, así que no sabemos si el consejo es realmente para nuestro beneficio. A veces hay contradicciones entre las palabras y las acciones de los expertos que hablan de salud, pero ellos mismos no están sanos. Leemos sobre descubrimientos asombrosos en micro-cirugía o tecnología genética que curan enfermedades, enfermedades que se pueden prevenir fácilmente si la gente simplemente hiciera ejercicio y comiera menos hamburguesas.

> *Cada McDonald's nuevo crea 40 trabajos: 20 dentistas y 20 cirujanos del corazón.*
> — Doucoure en Twitter

> *Un alcohólico es aquél que bebe más que su doctor.*
> — Desconocido

Un "experto" nos dice que no debemos comer nada de proteínas. Otro dice que se debe comer solamente eso. El buen y el mal colesterol, dietas bajas y altas en carbohidratos, intolerancia al gluten y a la lactosa, residuos químicos en la cadena de alimentos, alergias que nunca antes habían existido, beber litros de agua, no beber nada de agua, son temas recurrentes. Pero espera, no hay necesidad de preocuparse por nada de eso. ¡Todo lo que necesitas hacer es comer este grano de las selvas perdidas del Brasil y vivirás para siempre! No es extraño que la gente esté confundida. Me gustaría traer un poco de sentido común a esta discusión, comenzando por ver qué es natural para nuestros cuerpos.

> **Si cada uno siguiera estas simples pautas, la salud de la humanidad en general se transformaría.**

¿Qué es natural para los humanos?

Nuestros cuerpos físicos no han cambiado significativamente durante los últimos 40,000 años. Demos un vistazo rápido a la forma en que los seres humanos hemos vivido durante casi todo nuestro pasado reciente:

- Sin sillas o computadoras. El cuerpo humano no se diseñó para estar sentado delante de una pantalla todo el día. **Necesitamos ejercitarnos regularmente.**

- Evolucionamos antes de la invención de la electricidad. **Es más sano levantarse con el sol y dormir durante la oscuridad.**
- Nos desarrollamos antes de que se inventaran los alimentos procesados y los aditivos químicos. **El alimento sin procesar es mucho más conveniente para nosotros.**
- Nos desarrollamos en una situación de escasez de alimentos y hemos estado hambrientos regularmente. **Nuestros cuerpos están diseñados para ayunar periódicamente.**
- Nuestra anatomía y fisiología indica claramente que no fuimos diseñados para comer carne. Ésta es la razón por la que tenemos que cocinarla. **Estaremos más sanos si evitamos comer carne.**
- Nuestros cuerpos están compuestos principalmente de agua. El agua purifica la sangre y mantiene nuestros sistemas internos limpios. **Debemos beber agua en abundancia.**

Si cada uno siguiera estas simples pautas, la salud de la humanidad en general se transformaría. Tal cambio en el comportamiento también tendría enormes ventajas económicas.

En los E.U.A. la partida presupuestaria más grande del gobierno es para el cuidado de la salud y está creciendo junto con las cinturas de la población. La mayor parte de este enorme presupuesto se gasta en tratar enfermedades que se pueden prevenir y que están relacionadas con el estilo de vida. Si un mayor numero de americanos siguieran una forma de vida más natural, más sana, podrían solucionar simultáneamente sus problemas económicos.

Prevención de la enfermedad frente a tratamiento de la enfermedad

Primero el doctor me dijo las buenas noticias: que iba a tener una enfermedad con mi nombre.

— Steve Martin

El sistema moderno de medicina alópata se centra en la enfermedad. Cuando niños, nos dicen que los gérmenes causan la enfermedad. Los científicos han hecho avances sorprendentes en el estudio de diversos patógenos y sobre cómo exterminarlos cuando invaden nuestros cuerpos.

> No esperábamos encontrar que comer fruta y vegetales demostrara ser tan importante en la protección de los humanos contra el cáncer.

> Sistemas más tradicionales de la medicina, tales como naturopatía, acupuntura y Ayurveda, se enfocan más en la salud que en la enfermedad.

Hace algunos años fui el pasajero en un accidente de motocicleta y sufrí abrasiones en un pie. Me trataron, pero unos días después una línea roja oscura creció y lentamente fue ascendiendo por mi pierna debajo de la piel, así que fui de nuevo al hospital. Tan pronto como el doctor vio mi pierna se aterró y me dio un tratamiento de goteo antibiótico intravenoso. Le pregunté qué habría sucedido si no hubiera antibióticos. "Habríamos tenido que amputarle la pierna", contestó. Pregunté qué habría sucedido si no me amputaban la pierna, y dijo: "si esa línea roja hubiera alcanzado tu corazón, habrías muerto".

Esto me dio una nueva clase de aprecio del valor de la medicina moderna en una emergencia.

Sin embargo, la mayoría de las enfermedades comunes se previenen o se curan más fácilmente usando medios naturales con pocos efectos secundarios.

Un informe publicado en el *British Journal of Cancer* en 2011 dijo que casi la mitad de los cánceres diagnosticados en el Reino Unido cada año (más de 130.000 en total) es causado por opciones de vida que se pueden evitar como fumar, beber y comer cosas incorrectas. Uno de los autores dijo: "No esperábamos encontrar que comer fruta y vegetales demostrara ser tan importante en la protección de los humanos contra el cáncer. Y entre las mujeres, no esperábamos que el sobrepeso fuera un factor de riesgo mayor que el alcohol".

Sistemas más tradicionales de la medicina, tales como naturopatía, acupuntura y Ayurveda, se enfocan más en la salud que en la enfermedad.

En la vieja tradición médica china, se les pagaba a los doctores un sueldo regular, y si cualquier persona en su comunidad de pacientes llegaba a enfermarse, su paga se reducía. ¡Eso era un incentivo para mantener a todos sanos!

Los doctores consiguen hoy en día que se les pague por curar enfermedades, así que cuanto más enferma la gente, más les pagan. Y si piensas que los doctores ganan dinero con nuestras enfermedades, ¡qué pasa con las compañías farmacéuticas! No parece ser muy inteligente recompensar a nuestros profesionales médicos por tratar enfermedades en lugar de mantener a la gente sana.

El yoga nos enseña cómo entender mejor nuestros propios cuerpos de modo que no seamos tan dependientes de los doctores y las medicinas. Es un sistema de medicina preventiva.

Digestión

Una de las claves para la salud y la longevidad es una buena digestión. Hay que entender algo muy simple, pero muy importante, acerca de ella:
- Nuestro sistema digestivo tiene dos funciones: absorción de nutrientes y eliminación de toxinas y no puede realizar ambas funciones al mismo tiempo.
- La causa primaria de la mayoría de las enfermedades comunes es la acumulación de toxinas en el cuerpo. ¿Por qué? Porque las toxinas debilitan nuestro sistema inmunológico y crean un caldo de cultivo para los patógenos dañinos.
- La eliminación regular de las toxinas del cuerpo es vital para mantener buena salud. Hay varias maneras de hacer esto:

a) Evita comer entre comidas, de modo que el sistema digestivo tenga oportunidad de realizar su segunda función, la eliminación.
b) Bebe agua en abundancia.
c) Evita comer en exceso.
d) Elige alimentos que sean fáciles de digerir, de modo que el alimento no digerido no se descomponga en nuestro sistema y no cree subproductos tóxicos.
e) Haz ayuno periódicamente.
f) Haz ejercicio regularmente.

Nueve secretos de la salud de los yoguis

1. Dieta

Cuando se habla de salud, el alimento es el gorila grande en la habitación, así que abordémoslo primero. Hay mil teorías y discusiones sobre lo que debemos o no debemos comer, pero no deseo entrar en un largo debate. Prefiero dejar que la sabiduría antigua de los yoguis tome precedencia. Si agregamos un poco de sentido común, la imagen se vuelve muy clara, no tienes que ser un especialista en nutrición para entender qué alimentos son los mejores para ti.

> **Da preferencia a los alimentos alcalinos que son fáciles de digerir.**

A veces tener demasiados consejeros solo sirve para confundir las cosas. Toma como ejemplo la decisión del Congreso de los E.U.A. en 2011 para clasificar la pizza como vegetal. Las grandes compañías deseaban continuar vendiéndolas en las escuelas, pero los nuevos reglamentos de la salud requerían que se sirviera más vegetales en vez de comida basura a los niños. Los abogados corporativos tramaron un argumento tan absurdo que hasta un niño de escuela podría entender. ¿El resultado? Ahora, de forma mágica, dos cucharadas de salsa de tomate convierten una rebanada de masa de harina blanca con un poco de queso en un vegetal. No hay que discutir, es la ley.

La lógica "elaborada" no nos sirve tanto como el sentido común. Especialmente cuando se trata de *lógica corporativa*.

De modo que no te preocupes tanto por los argumentos de los "expertos" a sueldo. Si observas las siguientes pautas lo mejor posible, estarás sustancialmente mejor que la mayoría de la gente:

a) Da preferencia a los alimentos alcalinos que son fáciles de digerir, como las frutas y los vegetales ante la carne, los huevos, el queso o los dulces. Lo que todos sabemos que no es sano, no es sano. No se necesita mucha ciencia, ¿verdad? Y si comes demasiado, incluso alimentos de buena calidad, sigue siendo malo para ti.

b) Prefiere el alimento sensible. Los yoguis son un poquito más listos que la mayoría de la gente cuando se trata de entender cómo el alimento afecta no solo a nuestros cuerpos, sino también a nuestras mentes.

A continuación una lista simplificada de la dieta preferida de los yoguis, conocida como el alimento *sensible o sátvico*.

Alimentos *sátvicos*. Buenos para el cuerpo y para la mente: frutas, la mayoría de los vegetales, granos, legumbres, frijoles, judías o habichuelas y productos lácteos.

Alimentos *rajásicos*. En cantidades pequeñas no son malos: café, té, chocolate, bebidas carbonatadas.

Alimentos *tamásicos*. Malos para el cuerpo y para la mente: carne, pescados, aves de corral, huevos, cebolla, hongos o setas y ajo; el ajo puede tener ciertos beneficios para la salud, pero agita mucho la mente de los meditadores y hace que concentrarse sea más difícil; lo que ha hecho a muchos yoguis italianos muy infelices.

Las setas son otro artículo tamásico que sorprende a la gente. Cuando comencé a estudiar meditación yo era la clase de estudiante con el que sueñan los profesores. Lo que mi maestro me decía lo seguía estrictamente en forma indiscutible. Cuando él sugirió que siguiera una dieta sátvica me hice vegetariano y dejé inmediatamente de comer cebollas, setas y ajo. Encontré esto realmente fácil, puesto que, no gustaba de nada de esas cosas, salvo una excepción: no era feliz sin mis setas, así que después de un par de meses de abstención, pensé en mi interior, "no veo cómo es que las setas pueden ser tan malas para mi meditación. Me parecen bastante inofensivas, y saben deliciosas", por lo cual decidí conducir un experimento en mi propio cuerpo para ver si realmente tenían algún mal efecto. La mañana siguiente cociné un plato de setas fritas en tostada. ¡Delicioso! Me sentía muy bien y no noté ningún mal efecto, hasta que me senté para la meditación esa tarde. Fue terrible. No podía concentrarme y mi mente se sentía pesada, muerta, sin claridad. Aprendí la lección y no he comido setas desde entonces.

Mucha gente me pregunta por el azúcar. Aunque no se prohíbe totalmente en la dieta del yoga, es mejor consumir poco o nada, especialmente cuando se es mayor. Renuncié al azúcar refinada en 2008 y siento que fue una muy buena estrategia. No ha sido difícil, puesto que hay muchos edulcorantes alternativos como agave, miel, piloncillo (rapadura), frutas secas, jarabe de malta y jarabe de arce. Es mucho menos probable que vaya a sufrir en el futuro de hipoglucemia o peor aún, diabetes. Hablaremos más sobre la cuestión del vegetarianismo más adelante en este capítulo, mientras tanto, acabemos con los secretos de la salud del yogui.

2. Ejercicio apropiado

Es, por supuesto, la segunda clave para una óptima salud. No es ningún secreto que si quieres estar sano debes comer menos y hacer más ejercicio. La pregunta es: ¿qué clase de ejercicio y cuánto? El yoga recomienda principalmente dos clases:

- **Ejercicio aeróbico.** La ventaja de esta clase de ejercicio es físico. Mantiene aptitud y tono muscular. Recomiendo treinta minutos de ejercicio aeróbico vigoroso, como correr o nadar cinco veces a la semana. El ejercicio diario sería incluso mejor. Además de esto, recomiendo caminar por lo menos treinta minutos al día.
- **Ejercicios de energía vital.** Son ejercicios como el yoga o el *tai chi* donde el efecto es más sutil, creando un flujo armonioso de la energía vital y de la relajación en el cuerpo y entonando los nervios y las glándulas. Esta clase de ejercicio es excelente para el alivio del estrés y la concentración de tensión. Es también muy bueno para preparar al cuerpo antes de sentarse a meditar. Recomiendo por lo menos 20 minutos al día de ejercicios de yoga.
- Hay dos ejercicios especiales enseñados en la escuela de yoga *Ananda Marga* que tienen las ventajas de los ejercicios aeróbicos y de los de energía vital: las danzas **Kaoshikii y Tandava**. Puedes aprenderlos en cualquier clase o centro de Ananda Marga.

3. Baño

Bañarse a diario mantiene nuestros cuerpos limpios. Usar el agua por debajo de la temperatura del cuerpo lo refresca y calma la mente.

Lavarse las manos, los brazos, los pies, la cara y el cuello con agua fresca antes de

> Hay dos ejercicios especiales enseñados en la escuela de yoga Ananda Marga que tienen las ventajas de los ejercicios aeróbicos y de los ejercicios de energía vital.

la meditación y antes de comer tiene muchas ventajas. Induce una respuesta fisiológica llamada *respuesta de buceo* que vuelve a dirigir el flujo de la sangre y la energía del cuerpo a los órganos vitales, ayudando a la concentración y a la digestión. Sólo trata de lavarte los pies con agua fría después de una caminata larga en un día caluroso y sentirás alivio inmediato, no sólo físico sino también mental.

Limpiarte con agua después de orinar o defecar es otra práctica recomendada.

4. Beber agua

El agua pura es el elixir de la vida y beberla en abundancia es uno de los más grandes secretos de la salud. Esto ayuda a tu cuerpo a mantener el pH de la sangre ligeramente alcalino, te da más energía, mejora la digestión y elimina las toxinas.

Si tienes una salud normal debes beber de tres a cuatro litros de agua a diario. Esto suena a demasiado, pero si lo repartes entre las comidas es fácil. Evita beber treinta minutos antes de una comida y una hora después, de lo contrario diluirás los líquidos digestivos.

5. Ayuno

Necesitamos dar un tiempo a nuestro sistema digestivo para reposar, de modo que esté libre para eliminar las toxinas, pues le es difícil hacerlo y absorber nutrientes al mismo tiempo, así que es mejor evitar comer entre comidas.

> Si tienes una salud normal debes beber de 3–4 litros de agua a diario.

Para dar a nuestro sistema un descanso más largo es bueno ayunar por una jornada completa. Los yoguis recomiendan que ayunemos por un día, dos veces al mes, según las fases de la luna, pues nuestras mentes se ven afectadas por éstas; el ayuno ayuda a compensar cualquier efecto negativo. El undécimo día después de la luna nueva y de la luna llena se conoce como *Ekadashi*, y es considerado un buen momento para ayunar.

El ayuno por un día puede parecer un poco desalentador al principio, pero la mayoría de la gente encuentra que no es tan difícil como esperaba. Esta práctica se puede romper con una descarga del sistema, que consiste en aproximadamente un litro de agua con dos cucharaditas rasas de sal y el jugo de la mitad de un limón. Aproximadamente treinta minutos después de beber este preparado se induce un movimiento intestinal que elimina las toxinas que tu zona digestiva ha recogido para su expulsión. La sensación posterior es maravillosa: te sientes limpio y fresco, lo cual es formidable para la meditación.

El ayuno también puede ser muy provechoso para curar enfermedades. Si planeas emprender uno más prolongado, de varios días o aún semanas, debes hacerlo bajo supervisión. Yo hice una vez ayuno con jugo por veintiún días y al final sentí que había agregado años a mi vida. Un doctor realizó pruebas antes y después, confirmando que el hígado y los riñones rejuvenecieron totalmente.

Hace algunos años conocí a una mujer en Australia a la que se le diagnosticó cáncer de hígado. Ella tenía treinta años, y se le dijo que viviría solamente algunos meses. Después de hacer ayuno por treinta días, sólo con agua, el tumor grande en su hígado desapareció totalmente. Su médico estaba sorprendido. ¿Cómo sucedió?

Cuando alguien emprende un ayuno tan intenso, después de algunos días sin alimento el cuerpo comienza a absorber el tejido como fuente de energía. Es bastante inteligente como para localizar primero el tejido no esencial, tal como un tumor canceroso. El cuerpo de esta mujer digirió el tumor.

Como puedes imaginarte, este tipo de ayuno prolongado debe ser supervisado cuidadosamente. ¡No queremos que nuestros cuerpos comiencen a digerir el tejido más importante, como las células del cerebro!

6. Meditación

La causa inmediata de muchas enfermedades son los organismos patógenos hostiles que invaden nuestro sistema, pero no caemos generalmente presa de ellos, a menos que nuestra resistencia se debilite de alguna manera. La tensión (estrés) es un factor importante en el debilitamiento de nuestra resistencia a la enfermedad.

La meditación es bien conocida como método de manejo de la tensión. Esto es particularmente importante en nuestro cansado ambiente moderno, así como los bien documentados efectos fisiológicos secundarios de su práctica.

Pero hay un beneficio más sutil e indirecto para la salud que conseguimos a través de esta práctica. La mayoría de los meditadores observan que en un cierto plazo desarrollan un sentido más fuerte del propósito de la vida y una sensación de bienestar mejorada. Son más felices.

Estudios recientes han demostrado que la gente que lleva vidas satisfactorias, significativas y felices, también tiene vidas más prolongadas y más sanas, lo cual no es ninguna sorpresa.

> Estudios recientes han demostrado que la gente que lleva vidas satisfactorias, significativas y felices, también tiene vidas más prolongadas y más sanas. Esto no es ninguna sorpresa.

Siempre ríe cuando puedas. Es medicina barata.
— Lord Byron

7. Alimento crudo

Consumir algunas frutas y vegetales crudos diariamente es otro de los secretos para una larga vida, pues contienen mucha fibra y conservan las enzimas importantes que son destruidas cuando se cocinan. Estas enzimas ayudan a digerir y a absorber los nutrientes en el alimento.

Un amigo en San Francisco ayuda a mucha gente a curar la diabetes tipo 2 y a dejar la insulina, simplemente convenciéndola de cambiar su dieta por alimentos crudos durante un mes. Para dar fe de ello produjo un gran vídeo donde pacientes acostumbrados a una dieta de hamburguesas y Pepsi atestiguan la transformación en su salud. En un principio, algunos de ellos encontraron difícil ajustarse a la nueva dieta, pero al final todos sintieron que valía la pena el esfuerzo.

8. Yogur

No todas las bacterias son malas; la mayor parte de las que se encuentran en nuestro cuerpo son benignas o beneficiosas. Las bacterias intestinales desempeñan un papel vital en la digestión y ayudan a descomponer el alimento. Las bacterias del estómago son las mismas que transforman la leche en el yogur, por lo tanto, para reabastecer y mantener una población sana de bacterias intestinales amistosas es bueno tomar yogur natural regularmente.

9. Reposo apropiado

El sueño regular y de buena calidad es esencial para la salud. Conseguimos el mayor beneficio del sueño entre las 10:00 pm y el amanecer (siempre que no estés en Finlandia en el verano). Esto nos alinea con los ciclos naturales del Sol y de la Tierra. Evita comer antes de dormir, ya que el sueño obstaculiza la digestión, y ésta perturba nuestro sueño.

Cuando comencé a meditar regularmente noté que mi necesidad de dormir disminuyó. Dormía ocho horas. Ahora seis horas son abundancia. ¡Utilizo el tiempo adicional para meditar!

Ahí tienes los nueve secretos del yoga para una larga vida. ¡Nos vemos al otro lado de los noventa!

Vegetarianismo

No soy un vegetariano porque amo a los animales. Es porque odio los vegetales.
— Woody Allen.

Antes de entrar a este tema deseo dejar clara una cosa: no es esencial ser vegetariano para meditar con éxito. Si aún no lo eres, trata esta sección simplemente como una sugerencia. Ok, aquí vamos.

¿Por qué mucha gente y yo preferimos una dieta vegetariana? Podría escribir un libro sobre esto, pero no es necesario, pues varias personas ya han hecho un trabajo excelente, como John Robbins en su grandioso libro *Diet for a New America*. Si deseas entender este aspecto en profundidad, léelo o ve la versión documental de una hora. Aquí está mi versión corta.

Hay cuatro buenas razones para ser vegetariano:

> No es esencial ser vegetariano para meditar con éxito.

1. Yo no me como a mis amigos

Los animales son mis amigos y yo no me como a mis amigos.

— George Bernard Shaw

No hay duda de que al comer carne, participamos en un proceso que causa mucho sufrimiento a los animales. Como meditadores nosotros estamos cultivando naturalmente nuestro propio sentido de la compasión. Esto tiende a hacernos más sensibles al sufrimiento de otros, así que el evitar dañar animales parece una consecuencia natural.

En Diet for a New America, John Robbins cuenta una historia sobre una niña de nueve años que estaba cenando con su familia una tarde. Ellos comían cordero. Estaban viendo un programa de televisión respecto a la primavera, que presentaba a corderos corriendo en el pasto y jugando. En este punto, la niña súbitamente comprendió que uno de estos lindos pequeños corderos era lo que estaba en su plato. Horrorizada por lo que había estado comiendo, volteó a ver a sus padres con lágrimas. "¡Por qué no me dijeron!" les reclamó. En ese momento declaró furiosa, "nunca comeré carne otra vez. ¡Ni ustedes tampoco!". Tal era su indignación moral que la familia entera se hizo vegetariana en el acto.

2. Una dieta vegetariana es más sana

No estamos diseñados para comer carne. Aquí hay una lista simplificada de las características físicas de un carnívoro comparadas con las de un ser humano:

	Carnívoro	**Humano**
Dientes	Dientes filosos para desgarrar la carne	Muelas que trituran para masticar granos y fruta
Saliva	Ácida	Alcalina
Glándulas sudoríparasa	No tiene transpira a través de la lengua.	Tiene glándulas sudoríparas
Tracto digestivo	Corto, para digerir rápidamente la carne que se deteriora— Mide tres veces la longitud del cuerpo	Largo, para digerir los vegetales y las frutas diez veces la longitud del cuerpo

La carne es uno de los alimentos que más genera acidez y es extremadamente difícil de digerir, es por eso que tenemos que cocinarla. Se deteriora rápidamente porque carece de la pared de célula rígida de la celulosa que da apoyo a las células de las plantas. Mientras aún está en nuestro tracto digestivo se descompone creando subproductos tóxicos que contaminan nuestro sistema entero. Comer demasiada carne es una de las causas principales de cáncer de intestino, estreñimiento, reumatismo, artritis, gota, enfermedades cardíacas y de numerosas dolencias.

Algunas compañías de seguros ofrecen un descuento en su seguro médico si eres vegetariano, pues saben que les costará menos dinero el tratamiento médico en los años siguientes.

3. Seguir una dieta vegetariana ayuda a nuestro progreso espiritual

Hasta que se extienda el círculo de la compasión a todas las cosas vivas, el ser humano, por sí mismo, no encontrará la paz.
— Albert Schweitzer

> Algunas compañías de seguros ofrecen un descuento en su seguro médico si eres vegetariano, pues saben que les costará menos dinero el tratamiento médico en los años siguientes.

El alimento vegetariano deja una impresión profunda en nuestra naturaleza. Si el mundo entero adopta el vegetarianismo, puede cambiar el destino de la humanidad.
— Albert Einstein

Mi rechazo a comer carne ocasionó un inconveniente, me regañaban con frecuencia por mi singularidad, pero con esta comida más ligera, progresé más, tuve mayor claridad mental y mi comprensión fue más rápida.
— Benjamín Franklin

La no violencia conduce a una ética más elevada, que es la meta de toda evolución. Hasta que dejemos de dañar al resto de los seres vivos, seguiremos siendo salvajes.
— Thomas Alva Edison

Comer carne tiene un efecto en nuestra mente. Algunos luchadores profesionales están bien enterados de esto y se les estimula para comer mucha carne roja antes de luchas importantes precisamente porque esto los hace más agresivos.

Consumirla en exceso refuerza ciertos instintos animales en los seres humanos. Ésta es la principal razón por la que los yoguis evitan comerla, pues están intentando superar su naturaleza animal con la práctica espiritual.

4. Una dieta vegetariana es mejor para el medio ambiente

> El cultivo de la carne como fuente de alimento implica una utilización del suelo extremadamente ineficaz. La soya produce diez veces más proteína por acre que el ganado.

Un informe de las Naciones Unidas en 2006 identificó a las manadas de ganado de rápido crecimiento como la mayor amenaza para el clima, los bosques y la fauna. Estas hordas son la causa de una gran cantidad de crímenes ambientales: desde la lluvia ácida hasta la introducción de especies foráneas; desde la producción de desiertos hasta la creación de zonas muertas en los océanos; desde el envenenamiento de ríos y agua potable hasta la destrucción de arrecifes de coral.

El informe de cuatrocientas páginas de la FAO, titulado *La larga sombra del ganado*, también examina el daño causado por las ovejas, los pollos, los cerdos y las cabras. El ganado, más que los coches, los aeroplanos y el resto de las formas de transporte juntas, es responsable del 18% de los gases invernadero que causan el calentamiento global. (*The Independent* — UK, 10 de diciembre de 2006)

> *Muchas cosas hicieron que me convirtiera en un vegetariano, entre ellas, el rendimiento superior de alimentos como una solución al hambre en el mundo.*
> — John Denver

Buen punto, John, ¡y gracias por todas las canciones hermosas!

5. El cultivo de la carne como fuente de alimento

Esta acción implica una utilización del suelo extremadamente ineficaz. La soya produce diez veces más proteína por acre que el ganado.

Mitos sobre comer carne

Mito 1: Necesitamos la carne por la proteína

Esto es absurdo. Millones de personas nunca comen una onza de carne en sus vidas y no sufren carencia de proteínas. Los millares de vegetarianos que conozco personalmente son mucho más sanos que las personas promedio.

Con algunas excepciones, como los limones, todos los alimentos contienen proteínas y muchos alimentos vegetarianos son ricos en ellas: legumbres, semillas, nueces, habas, frijoles, judías, queso de soya, amaranto, yogur, leche y queso. La proteína vegetal, a diferencia de la carne y de los huevos, está libre del colesterol malo. Simplemente cambiar los huevos por queso de soya como fuente de proteína hará que tu nivel de colesterol caiga como plomo.

Mito 2: Necesitamos la carne por la vitamina B12

La vitamina B12, críticamente importante, está fácilmente disponible a través del queso, del suero, del yogur, de la leche y del extracto de levadura, consideradas las cinco fuentes vegetarianas principales. ¡Ninguna de éstas proviene de la carne!

Mito 3: La necesitamos por los ácidos grasos omega 3, 6, y 9

¿Crees que el aceite de hígado de pescado es la única fuente para el cerebro de estos importantes ácidos grasos alimenticios? ¡Esto no es cierto! Fuentes vegetarianas de bajo costo de aceites omega incluyen semillas de linaza, nueces y cáñamo.

Mito 4: Los vegetarianos son débiles y frágiles
Mi mamá me imponía la carne porque pensaba que era esencial para obtener suficientes proteínas para ser un joven fuerte y grande. Es una lástima que nunca leyera esta lista de famosos atletas, todos vegetarianos. Individuos serios y nada débiles:

- **Carl Lewis**: nueve medallas de oro olímpicas, incluyendo cuatro en 1984. Festejado como el *atleta del siglo.*
- **Martina Navratilova**: jugadora de tenis. Dieciocho títulos de *Grand Slam* sencillos.
- **Robert Parish**: jugador de basquetbol. Salón de la fama de basquetbol 2003.
- **Prince Fielder**: jugador de béisbol. Más de cincuenta *home runs*.
- **Dave Scott**: campeón mundial *Hombre de hierro* ¡seis veces!
- **Billie Jean King**: jugadora de tenis. Doce títulos de *Grand Slam*.
- **Bill Pearl**: físico culturista. Cuatro veces Mr. Universo.
- **Joe Namath**: mariscal de campo de fútbol americano. Salón de la fama NFL 1985

He aquí una pregunta de concurso: ¿Quién es la celebridad deportiva menos propensa a volverse vegetariana? Pasa al fin de este capítulo para encontrar la identidad del *"vegetariano menos debilucho del mundo"*.

En caso de que te hayan dicho que el vegetarianismo te hace estúpido, aquí hay unos cuantos vegetarianos más:

Albert Einstein
Leonardo Da Vinci
Sir Isaac Newton
Platón
Henry David Thoreau
Pitágoras
Adam Smith
Thomas Edison
George Bernard Shaw
Benjamín Franklin
Paul McCartney
George Harrison
Mahatma Gandhi
Abraham Lincoln
Clint Eastwood
Linda Blair
Bill Clinton

Y una muy larga lista de otras personas notables.

Conclusión:

Ahí lo tienes si lo quieres: la fórmula "secreta" de los yoguis para salud y larga vida.

Puede ser que ya hayas adoptado alguno de estos estilos de vida o que la idea te pueda parecer intimidante o desalentadora. Si quieres mejorar tu salud al hacer unos cuantos cambios, he aquí algunas sugerencias de cómo puedes hacerlo:

1. Da pequeños pasos: no trates de volverte la Mujer Maravilla o Batman de la noche a la mañana.
2. Haz algunas pruebas por treinta días. Selecciona un punto a probar sin comprometerte por más tiempo. Si te gusta continúa, si no, prueba algo más.
3. Piensa a largo plazo: los cambios de estilos de vida en este momento pagan altos dividendos cuando eres mayor.
4. Recuerda el efecto compuesto: adoptar un buen hábito, por pequeño que sea, y repetirlo diariamente logra resultados notables con el tiempo. Este principio funciona en ambas vías: malos hábitos practicados por un largo tiempo dan lugar a un fuerte desgaste.
5. Asigna prioridades. Enfrenta una cosa a la vez.

Todos tenemos resistencia al cambio. He aquí algunas simpáticas excusas para el "Debilucho Interior":

- He estado cargando carbohidratos por los últimos 40 años en caso de que fuera a necesitarlos en una carrera de 10.000 millas.
- Si Dios quisiera que tocara mis dedos de los pies los habría puesto en mis rodillas.
- Estoy en un estricto programa de carreras. Empecé ayer y sólo he faltado un día hasta la fecha.
- Hago mucho ejercicio mental pensando formas locas de evitar el ejercicio físico.
- Vivimos por semanas con nada más que alimento y bebida.

> Adoptar un buen hábito, por pequeño que sea, y repetirlo diariamente logra resultados notables con el tiempo. Este principio funciona en ambas vías: malos hábitos practicados por un largo tiempo dan lugar a un fuerte desgaste.

- Si no estamos para tomar los bocadillos nocturnos, ¿por qué hay una lámpara en el refrigerador?

Alimento saludable: cualquier alimento cuyo sabor no es distinguible del sabor del paquete en el que se vende.
— Henry Beard

Prueba esto

Recomendaciones clave

- No comas entre comidas.
- Evita alimentos procesados.
- Come menos carne o elimínala.
- Bebe agua en abundancia, aproximadamente tres litros al día.
- Duerme y levántate temprano.
- Haz ejercicio todos los días por cuarenta y cinco minutos. Puedes caminar.
- Practica diariamente posturas de yoga.
- Medita todos los días; después de todo es la razón por la que estamos recorriendo este libro juntos, ¿no es así?
- Escribe en tu registro de meditación cualquier compromiso que hagas contigo y verifícalo cada semana, ¡o todos los días!

Respuesta a la pregunta de concurso:
Mike Tyson, nueve veces campeón mundial de boxeo de peso pesado, se volvió vegetariano después de ganar todos sus títulos. Ha realizado una búsqueda significativa en su alma y admite que no está orgulloso de lo que había hecho con su vida. Atribuye su reforma de carácter en parte a su dieta vegetariana. Eso está muy bien, ¿no?

Me di cuenta que ahora la carne se ha vuelto un veneno para mí.
—Mike Tyson

Capítulo tres

Cierra los ojos

Márchate ¡Oh niño humano!
A las aguas y lo silvestre
Y deja tus preocupaciones atrás.
— W.B. Yeats

El místico Sufi Mullah Nasruddin tenía un estilo de enseñanza único. Una tarde un vecino encontró que el Mullah se arrastraba de manos y rodillas bajo una lámpara en la calle fuera de su casa buscando algo en el pasto.
—¿Qué has perdido?— preguntó el vecino.
—Mis llaves— dijo el Mullah, y continuó buscando.
—Permíteme ayudarte— dijo el vecino amigable.
Después de un corto tiempo otro vecino vino y se unió a la búsqueda, y después otro, hasta que hubo una pequeña multitud arrastrándose en el pasto. Finalmente se paró el Mullah.
—Esto no tiene esperanzas— dijo.
—¿Dónde crees que perdiste las llaves?— preguntó el primer vecino.
—En mi casa— dijo el Mullah.
—Entonces, ¿por qué estamos buscando aquí, bajo la lámpara de la calle?
—¿Cómo puedo encontrarlas en la casa?
—Es demasiado oscuro, no puedes ver nada. ¡Aquí hay luz!— replicó el Mullah.
Lo que el Mullah estaba haciendo parecía absurdo, pero no es más sin sentido que lo que la mayoría de nosotros hacemos la mayor parte del tiempo cuando esperamos encontrar la felicidad fuera de nosotros.

La felicidad viene de nuestro interior

Dentro de cada persona triste hay una persona feliz tratando de salir.
— Dada Krsnasevananda

Es fácil comprender que la felicidad proviene del interior de nuestra mente, después de todo, la felicidad es una experiencia mental. Sin embargo, asociamos la experiencia de la felicidad tan estrechamente con el objeto que la activa, que todavía caemos en la trampa de pensar que la felicidad está contenida en el objeto. Esto puede llevar a diversos tipos de adicciones psicológicas.

> Asociamos la experiencia de la felicidad tan estrechamente con el objeto que la activa, que todavía caemos en la trampa de pensar que la felicidad está contenida en el objeto. Esto puede llevar a diversos tipos de adicciones psicológicas.

Así es como construyen una trampa para monos en la India: en una concha de coco hacen un orificio apenas suficientemente grande para que el mono meta su mano al interior, entonces amarran a un árbol el coco con un alimento delicioso adentro. El mono huele y busca el alimento y mete su mano para sujetarlo, pero su puño cerrado es demasiado grande para salir del orificio. Cuando el cazador se aproxima, el mono grita con temor y trata de escapar, pero su deseo por el alimento es tan grande que rehúsa soltarlo y no libera su puño. Él mismo se atrapa, como nuestros propios deseos pueden atraparnos fácilmente.

¡Pero ya no somos monos! Los humanos tenemos una mayor inteligencia, conciencia propia y libre albedrío. Cuando reconocemos lo anterior, si afirmamos nuestra voluntad y controlamos nuestros impulsos, escapamos de la trampa de nuestra propia invención. Éste es un paso vital en el camino a la libertad espiritual. ¿Fácil? No a menudo.

El lado instintivo de la naturaleza del hombre tienta a su mente para correr tras objetos de placer o gratificación sensorial inmediata, el cual siempre es temporal, y los humanos nunca estamos satisfechos con placer o felicidad finitos; siempre queremos más. Somos las únicas criaturas que comemos en exceso, nos excedemos y acumulamos siempre territorio y riqueza creciente más allá de lo que necesitamos. Incluso los más ricos, los reyes y dictadores más poderosos no encuentran satisfacción. No hay suficiente riqueza física en todo el mundo para satisfacer el anhelo de ni siquiera un solo ser humano.

Sólo hay un lugar para experimentar la felicidad inconmensurable de nuestro anhelo: el núcleo de nuestro ser: la *Conciencia Infinita*.

> Si afirmamos nuestra voluntad y controlamos nuestros impulsos— escapamos de la trampa de nuestra propia invención. Éste es un paso vital en el camino a la libertad espiritual.

El camino a la felicidad se encuentra hacia dentro; tomar el primer paso en este camino requiere que retiremos nuestra atención del mundo externo de los sentidos.

En el ser vivo hay una sed por lo ilimitado.
— Shrii Shrii Anandamurti

La meditación empieza al dejar atrás nuestras preocupaciones y esfuerzos de todos los días para alcanzar algo más profundo, más tranquilo y cercano a nuestro verdadero *yo*, nuestro núcleo personal propio. Cuando nos sentamos a meditar, las preocupaciones y compromisos diarios con el mundo externo son fuertes cuerdas que mantienen nuestra conciencia encallada en los muelles de la vida mundana. Nos impiden embarcarnos a las aguas abiertas de nuestro ser interior. Empieza tu jornada soltando las cuerdas y desechando el mundo externo. Esta primera etapa es la *desconexión sensorial*.

Toma un descanso

Detrás de la necesidad de "romper con todo" arde un deseo innato por ese "algo más"; ese estado elusivo que es la base de nuestro ser. Nuestros esfuerzos y éxitos en el mundo externo, por supuesto, son importantes; son la manifestación física de nuestros sueños y aspiraciones, pero cuando ciframos todas nuestras esperanzas en encontrar la felicidad o satisfacción "allá afuera", es casi inevitable la decepción y continuamos buscando ese elemento que falta.

La gente inventa toda clase de formas para escapar y disfrutar un poco de libertad aunque sólo sea por unos pocos minutos, unas pocas horas o días. Un viaje de campamento de fin de semana, vacaciones en Hawai, conciertos, fiestas, unas cuantas horas en el bar local o una tarde reposando frente al televisor, todos satisfacen fácilmente nuestra necesidad de escaparnos, descansar y dejar nuestras cargas tras de nosotros. El amor al arte y a la naturaleza estimula más la introspección.

La música nos mueve. Asistir a un concierto puede transportar nuestra mente a algún sitio distante, uno que parecía imposiblemente remoto al sentarnos en nuestra oficina o tras del volante del auto, abriéndonos camino por el tráfico incesante. El arte nos conmueve; a menudo nos lleva a reinos dentro de nosotros mismos que normalmente son inaccesibles; nos da una visión de un paisaje interior oculto detrás de las nubes de nuestras vidas ocupadas.

La naturaleza tiene una influencia calmante. Su quietud, con su sentido de inmensidad, refleja los colores de las profundidades internas, como un lago que refleja el brillo del sol que resuena con nuestro propio ser ilimitado.

Piensa por un momento en todas las cosas que haces para escapar. ¿No es la mayoría de ellas un intento para conectar con esa parte de nuestra existencia que vive en el profundo interior?

Los objetos de placer no nos dan la felicidad. Los objetos simplemente son claves para la felicidad. Momentáneamente liberan la felicidad que siempre está en nuestro interior.

— Deshapriya

Desconexión sensorial

Trata de penetrar lo más profundo que puedas en tu mente, continúa avanzando al interior, pero no olvides las realidades del mundo externo, porque si ignoras las realidades externas, tu paz interna también será perturbada.

— Shiva

> El buscador encuentra refugio de la vida común de los sentidos en una búsqueda de autoconocimiento.

Nuestros sentidos conectan la mente con el mundo físico. Son los portales de nuestra conciencia interior que recibe, percibe y comunica con la realidad fuera de nosotros. Pueden estar abiertos o cerrados para regular el acceso, en este caso, a información y experiencias. Este enlace, hecho posible por millones de pequeñas reacciones químicas en el sistema nervioso central, convierte sensaciones físicas en impulsos transportados por las células nerviosas y fibras. Cargas electroquímicas saltan con la velocidad de la luz a través de espacios en transmisores/receptores de neuronas, pasando las señales en ambas direcciones. Esta actividad electroquímica constante mantiene la mente conectada con el mundo permitiéndonos funcionar. Al detenerse el flujo de estímulos sensoriales, a menudo experimentamos un sentido de libertad y paz.

La tensión diaria se conecta íntimamente con el flujo de información que recibimos desde nuestro exterior. Cuando esa conexión se interrumpe, incluso por un corto tiempo, encontramos un sentido excitante de ligereza; nuestras cargas súbitamente desaparecen; sentimos alivio de las tensiones asociadas con las imágenes, sonidos y otros estímulos de nuestro ambiente, como en el viejo adagio "ojos que no ven, corazón que no siente".

Desde principios de la década de 1970 los psicólogos han estudiado este fenómeno utilizando experimentos de privación sensorial. Los denominados tanques *samadhi* crean un ambiente artificial para aislar a los sujetos de casi todos los estímulos sensoriales. Después de periodos prolongados en ellos, los sujetos informan de profundas experiencias de alegría, tranquilidad y liberación de las preocupaciones de la vida.

Los seres humanos han buscado formas de retiro o retraimiento desde el inicio de la civilización; está profundamente arraigado en nuestra memoria genética. Durante la iniciación a la edad adulta, los jóvenes nativos americanos tradicionalmente viajaban en una búsqueda de visiones. Se aislaban en un sitio solitario para ayunar, meditar, ingerir hierbas y permanecer despiertos por varios días en un esfuerzo por desconectarse de su mundo familiar y entrar al terreno interior más profundo que ellos mismos. El buscador encuentra refugio de la vida común de los sentidos en una exploración de autoconocimiento. No sólo los ascetas y ermitaños utilizan estos métodos; esto es común en la mayoría de las religiones y tradiciones indígenas. Encontramos pasajes de caballeros errantes que ayunan y rezan toda la noche en las historias del Rey Arturo.

La mayoría de nosotros respondemos instintivamente a la necesidad de desconexión de estímulos externos. Cuando queremos entrar en contacto con nosotros mismos nos vamos solos a un sitio en donde no estemos bombardeados por la descarga constante de información que satura nuestra vida diaria. A menudo nos refugiamos en la paz y tranquilidad de la naturaleza como una forma simple y efectiva de "frenar el tráfico" que entra a través de las puertas de nuestros sentidos.

Métodos artificiales de desconexión sensorial

Otro método generalizado de poner un alto temporal a nuestra alimentación sensorial es a través de las drogas y el alcohol. Veamos qué sucede cuando bebemos unas cuantas copas de vino para relajarnos en la tarde después de un día pesado, o cuando nos emborrachamos un viernes por la noche para relajarnos y dejar atrás la semana.

Biológicamente, el alcohol hace permeable la membrana lípida de la célula nerviosa, amortiguando de esta manera el sistema nervioso. Cuando esto ocurre en las células se pierde el impulso eléctrico.

No todas las células del cerebro se destruyen en este proceso, muchas sólo se quedan con orificios por unas cuantas horas. Los mensajes del mundo de los sentidos no pasan, dejándonos cada vez menos conscientes de lo que está sucediendo fuera de nosotros. Una persona intoxicada es menos sensible al dolor mientras está bajo la influencia de bebidas alcohólicas; de hecho, una de las expresiones más comunes de estar intoxicado: "no sentir dolor", no es solo una metáfora. Literalmente nos anestesiamos debido al efecto amortiguador del alcohol. Es un tipo de desconexión sensorial. Estar "en las alturas" no es nada más que una disociación temporal de los sentidos. El método de "tomar un descanso" basado en el alcohol crea una interrupción en las rutas del sistema nervioso, esas carreteras de información de la mente.

Las drogas nos afectan de manera similar, alteran la forma en la que la información pasa por las fibras nerviosas, rompiendo nuestro contacto normal con el mundo que nos rodea. Una vez que nos desconectamos del mundo encontramos que la mayoría de nuestras preocupaciones y problemas han quedado atrás (al menos por unas cuantas horas). Estamos en libertad de cantar desentonados, bailar como locos o abrazar a nuestros amigos y decirles cuánto los hemos querido siempre. Mientras que algunas personas experimentan malas reacciones al beber o drogarse, socialmente muchas de estas actividades son placenteras. Esto es una indicación más de que la felicidad vive en nuestro interior. Al crear esta desconexión, el alcohol o las drogas nos ayudan a tener acceso a un poco de la felicidad y paz dentro de nosotros.

No obstante, los efectos de estas substancias son impredecibles. Algunas personas se vuelven violentas mientras están bajo su influencia. Su consumo excesivo causa estragos en nuestro cuerpo, daña permanentemente nuestro sistema nervioso, debilita nuestra voluntad y estimula la dependencia fisiológica o psicológica. Los efectos negativos a largo plazo son muy superiores a cualquier disfrute transitorio.

El método natural de desconexión sensorial

La meditación empieza con desconexión sensorial: no amortigua los sentidos ¡ni provoca ningún daño a largo plazo! La desconexión sensorial se logra al silenciar los órganos sensoriales y al utilizar la visualización y el *mantra* para enfocar la mente de manera que se suspende su conexión con los portales de los sentidos. Ello también refuerza el sistema nervioso y lo pone bajo control. A diferencia de los métodos artificiales, no tiene efectos secundarios nocivos.

He aquí una vista más cercana a este proceso.

El loto: postura del cuerpo que logra una diferencia

La postura recomendada para meditar se conoce como *postura del loto*, no porque parezcamos una flor cuando nos sentamos en esta posición, sino debido a las características de la flor del loto que crece en agua fangosa estancada, sin embargo, produce una de las flores más hermosas del mundo. Incluso cuando meditamos en medio de las pruebas y tribulaciones en el agua estancada del mundo material, podemos ascender sobre ellos, entrando a la quietud dentro de un terreno de belleza insuperable.

Para lograr la postura, siéntate como si fueras a cruzar las piernas, después coloca el pie derecho sobre el muslo izquierdo y el pie izquierdo sobre el muslo derecho, endereza la espalda, dobla las manos en el regazo con los dedos entrelazados, cierra los ojos y dobla la lengua hacia atrás contra el techo del paladar. Esta postura es ideal para la meditación, ya que se mantiene la espalda recta mientras promueve la concentración y la calma de la mente.

Por supuesto, muchos principiantes encuentran imposible el loto y adoptan la postura de medio loto, en la cual la pierna derecha reposa en la izquierda, o pueden sentarse incluso en la posición más simple de piernas cruzadas.

Las posturas alternativas proporcionan casi los mismos beneficios. Si la postura de piernas cruzadas es incómoda, siéntate en un cojín suficientemente grande para permitir comodidad razonable con la espalda recta, de no ser posible, medita en una silla.

Para un meditador principiante estar razonablemente cómodo y relajado es más importante que estar sentado correctamente. Desde luego, evita forzar tu cuerpo en una posición incómoda.

Estar sentado en loto lleva la mente hacia adentro. Al realizar dicha acción o una de las otras posturas de meditación, nuestros órganos sensoriales y motrices automáticamente se vuelven menos activos.

> **Incluso cuando meditamos en medio de las pruebas y tribulaciones en el agua estancada del mundo material, podemos ascender sobre ellos entrando a la quietud dentro de un terreno de belleza insuperable.**

Cerramos los ojos y apagamos lo visual, seleccionamos un sitio tranquilo de manera que no estemos distraídos por los sonidos. Al entrelazar las manos y cruzar las piernas se elimina el contacto extraño como una tortuga al retraerse dentro de su caparazón. La lengua doblada y presionada contra el paladar de la boca desactiva las papilas gustativas. Si hemos seleccionado bien nuestro lugar, los olores no nos molestarán. Estar sentado, quieto, en semejante postura sin moverte representa una poderosa desconexión sensorial. Al desprender la mente de los sentidos, la desconectamos del mundo externo y nos damos una nueva oportunidad para entrar profundamente en el interior.

La falta de movimiento del cuerpo lleva a la tranquilidad de la mente, pues al cerrar las puertas de los sentidos, tenemos la posibilidad de explorar lo que hay detrás de ellas. Estar sentados, inmóviles con nuestra columna recta en la postura de meditación es una técnica simple, pero no tan fácil como parece; mayoría de la gente lo encuentra bastante difícil al principio. Ni nuestros cuerpos ni nuestras mentes están acostumbrados a ello y ambos pueden objetar en forma vehemente. Sin embargo, con perseverancia podemos volvernos adeptos a estar sentados silenciosamente en la postura de meditación por periodos prolongados de tiempo. Una vez que esto se logra, experimentamos el poder de estas técnicas simples para calmar nuestra mente y avanzar en el viaje al interior.

Piénsalo como el lanzamiento de un cohete: la mayoría del combustible se agota en los primeros minutos con el esfuerzo explosivo de superar las fuerzas gravitacionales de la tierra, pero una vez que la inercia se ha superado a medida que el cohete se impulsa más allá de su conexión con la tierra en la altitud orbital, viaja grandes distancias a altas velocidades con muy poco gasto de energía.

> Una espalda recta estimula la fuerza vital, sutil en el cuerpo, que viaja ascendiendo por la columna durante la meditación, conocida como chi o ki en China y Japón (como en Tai Chi o Ai-ki-do), y *prana* en la India.

El logro de la meditación de la velocidad de escape para desprenderse del campo gravitacional de nuestra mente consciente del día a día requiere gran energía física y mental, aplicada en forma diligente.

Mantener nuestra columna recta y nuestro cuerpo tranquilo puede ser un reto, pero alimenta la mente con la energía requerida para el despegue. Eso aumenta el flujo de sangre al cerebro (muy importante durante la meditación), mientras que estimula respiraciones profundas completas para incrementar la oxigenación de la sangre, a la vez que estimula la fuerza vital sutil en el cuerpo, que viaja ascendiendo por la columna durante la meditación conocida como chi o ki en China y Japón, como en Tai Chi o Ai-ki-do, y *prana* en la India. En el siguiente capítulo se discute cómo aprender a concentrarse o enfocar la mente y evitar que deambule por donde quiera. ¡Esto requiere aún más energía! Sin este gasto hay posibilidad de que nunca nos desprendamos del suelo.

Ni una vez en mil es posible lograr algo que valga la pena excepto por el trabajo, el esfuerzo, por un propósito serio y por la voluntad de tomar riesgos.
— Theodore Roosevelt

Por supuesto, habrá cierta interacción entre la mente y el mundo externo mientras estás sentado en la postura de loto. Después de reposar silenciosamente por unos cuantos minutos podemos encontrar sonidos y olores, que ordinariamente no notaríamos, que empiezan a reclamar nuestra atención. Si esto sucede, ¡considera la versión de los meditadores de los síntomas de abstinencia!

¿Estás experimentando síntomas de abstinencia?

Estamos acostumbrados a recibir un flujo constante de información a través de los órganos sensoriales. Esta corriente de estímulos nos acompaña desde el momento en que despertamos, hasta nuestro último pensamiento antes de dormir. Luego agregamos nuestros propios sabores de distracción a la mezcla a través de un diálogo interior, a menudo subconsciente y continuo. Sentarnos a meditar y tratar de desactivar todo el ruido es algo poco familiar y contrario a nuestros procesos mentales normales. Intentamos cambiar súbitamente los hábitos de toda una vida. Enfrentados con la experiencia extraña de privación sensorial, la mente instintivamente toma cualquier estímulo disponible, tal como una persona atrapada en arenas movedizas intenta agarrarse desesperadamente de algo sólido.

Súbitamente podemos volvernos hipersensibles a toda información sensorial que pasa por nuestras rutas neuronales que aún están abiertas. Algo de esta información ordinariamente nunca atraparía nuestra atención. ¿Es un teléfono lo que suena?, nos preguntamos de un débil sonido a la distancia. ¿Qué podría ser ese olor? Súbitamente detectamos un olor irreconocible de algo en el aire. Apenas nos embarcamos en nuestro viaje interior, nuestra mente consciente, no acostumbrada a la quietud, se esfuerza por regresar a lo que conoce mejor: estar atenta y enfocarse a lo que está sucediendo "allá afuera".

"Apuesto que era Susana. Tal vez ha habido un accidente. Debería haber respondido". "Creo que oí a Juan traer el correo; puede ser esa solicitud que finalmente llegó. Con todas las cosas que tengo que hacer no puedo estar aquí sentado y meditar. Lo probaré en otro momento".

Normalmente los pensamientos corren por nuestra mente como una manada de caballos salvajes. Mientras que están sin domar, continúan haciendo lo que quieren y lo que disfrutan más es pasear con el auxilio de nuestros sentidos; conocer gente, ver qué está pasando, disfrutar de las vistas y sonidos de un mundo fascinante. Si cercamos nuestros pensamientos mediante un proceso de desconexión sensorial, se apresuran para encontrar una salida abierta. Si no encuentran una puerta abierta, entran en pánico y saltan la barda o presionan por cualquier pequeña abertura. Este efecto inicial en la mente del proceso de abstinencia sensorial menoscaba nuestro deseo de alimentación sensorial; al mismo tiempo, caemos en la cuenta del poco control que ejercemos realmente sobre nuestros pensamientos.

Esta respuesta mental, cuando empieza la desconexión de los sentidos, es característica de un adicto al que se le priva de su sustancia adictiva, sea alimento, drogas, aplausos, lo que sea. Nuestras mentes dependientes de este estímulo sensorial lo anhelan tan profundamente como un adicto. "Enganchados" al mundo exterior encontramos muy difícil estar sentados tranquilamente por 20 o 30 minutos para explorar nuestro mundo interior.

Cansado o harto del estímulo sensorial

Podemos ser tan adictos al estímulo externo que experimentamos sobrecarga sensorial (agotamiento).

Pensemos en todos aquellos que nos rodean que no pueden o no quieren estar más de una hora sin poner algo en su boca: un cigarrillo, un café o un chocolate. Estas acciones compulsivas, inconscientes a menudo, involucran profundamente a los órganos sensoriales y motrices. Siendo casi las únicas criaturas que comemos cuando no estamos hambrientos, los humanos, literalmente, nos "hartamos".

Comportamientos obsesivos en otras áreas de nuestras vidas nos afectan similarmente. Cuando no somos capaces de desarrollar nuestros recursos internos, constantemente nos alimentamos con estímulos como un medio para mantenernos felices o alejados de la depresión. Sin embargo esta dependencia nos lleva a un círculo vicioso que puede ser difícil de romper, necesitando cada vez más estímulo para obtener el mismo efecto: cinco tazas de café se vuelven ocho y el cigarrillo diario se convierte en dos paquetes de cigarrillos.

Cuanto más tomamos, más fuerte es nuestra dependencia y menos capaces somos de romperla. Este círculo vicioso eventualmente estimula la fatiga, ansiedad, desórdenes nerviosos y colapso mental.

> *Hemos probado y degustado demasiado amor a través de una amplia grieta llega, no es de extrañar.*
> *Pero aquí... Nos volveremos a encantar con la exuberancia del alma de un niño.*
> — Patrick Kavanagh

¿Recuerdas lo bien que sabían las cosas cuando eras niño? ¡Cuán lleno de misterio y maravillas estaba el mundo! Para cuando alcanzamos la edad adulta estamos tan acostumbrados al universo sensorial que descartamos la frescura, el misterio y la belleza del mundo que nos rodea.

La práctica de la desconexión sensorial gradualmente cambia ese declive, nos aparta de la dependencia de objetos de auto-gratificación, nos ayuda a recuperar el control de nuestros sentidos, a erradicar nuestras obsesiones y a restaurar la sensación de maravilla que disfrutábamos cuando éramos niños. Al volver a capturar la magia de la inocencia de un niño, incluso las cosas simples de la vida nos llenan de alegría. En vez de negar el mundo externo, la meditación rejuvenece y restaura nuestro aprecio por los sentidos, tal como el ayuno durante unas cuantas horas nos da un apetito sano e imparte sabores más dulces a nuestros alimentos. Después de meditar, experimentamos la belleza de las maravillosas vistas y sonidos de este mundo con renovado interés, como si hubiéramos regresado de unas vacaciones, y sin duda así ha sido.

La desconexión sensorial es apenas el principio, es el impulso que saca nuestro bote del muelle. Si el viento en la vela es el retraimiento sensorial, el timón que controla y libera nuestras mentes es la concentración.

> Al volver a capturar la magia de la inocencia de un niño, incluso las cosas simples de la vida nos llenan de alegría.

Prueba esto

- Encuentra un sitio tranquilo en algún lugar fuera, en la naturaleza, en donde no te molesten. Siéntate ahí por algunos minutos, sin cerrar los ojos, sólo ajustándote a la sensación de armonía a tu alrededor. Ahora cierra los ojos y nota cómo tu cuerpo y tu respiración también son parte de la armonía de la naturaleza. La sangre fluye y los nervios trabajan por sí mismos, tú respiras automáticamente, todo sucede por sí mismo casi en forma milagrosa. Ahora sólo observa la respiración y enfócate en este sentido de armonía interior. Siéntate de esta manera por 10 minutos o más.
- Escribe tus observaciones en tu registro de meditación.

Y siento
una presencia que me mueve al goce
de nobles pensamientos, un sentido
de algo que está unido fuertemente,
cuyo albergue es la luz de los ocasos,
y el arqueado mar, y el aire vivo,
y el cielo azul, y la razón del hombre;
una moción y espíritu que impulsa
a los seres pensantes y pensados
y que rueda a través de toda cosa...

— William Wordsworth
(Fragmento)

Capítulo cuatro

Desarrollo de la concentración

Mientras que hacemos meditación, la mente frecuentemente corre tras cosas externas; es extremadamente difícil enfocarse exclusivamente sólo en un objeto o idea. ¿Por qué nos concentramos en un punto particular durante la meditación? Debido a que ese punto es el enlace entre el mundo relativo y el absoluto; el punto existe en donde termina el mundo relativo y empieza el absoluto. Representa la entidad cósmica. Una vez que este punto se controla, es fácil alcanzar el estado más alto de espiritualidad. Por lo tanto, para retraer la mente del mundo relativo, debemos concentrarnos en este punto.

— Shrii Shrii Anandamurti

Ahora que hemos desconectado la mente de los sentidos al sentarnos tranquilos en postura de loto (o de piernas cruzadas), estamos a punto de embarcarnos en nuestro viaje al interior profundo. La desconexión sensorial levanta el ancla que nos retiene en nuestras vidas mundanas y así despegamos.

Pero incluso antes de salir del muelle descubrimos una multitud de pensamientos incontrolables a bordo, polizones que no tienen el mínimo interés en el viaje. En su lugar anhelan fama, fortuna, un buen momento rápido, y prospectos así no se ven bien en esta embarcación. Como una banda de piratas, hacen sabotaje, luchan contra el que sería su capitán (tú) y entre ellos mismos, cada uno jalando en una dirección diferente. Mientras que te diriges al crepúsculo con esta banda de rufianes, empiezas a preguntarte en qué enredo te has metido.

Un país puede ser conquistado por la fuerza de las armas, pero no la mente.

— Shrii Shrii Anandamurti

Miremos más de cerca esta banda de pensamientos incontrolables que infestan nuestra mente consciente. Para tratar con ellos en forma eficaz, primero debemos entender su naturaleza.

De acuerdo con la ciencia yóguica, la mente tiene tres características predominantes:

1. La mente debe tener un objeto.
2. La mente sólo puede pensar una cosa a la vez.
3. Nos convertimos en lo que pensamos.

1. La mente debe tener un objeto.

Sería maravilloso si pudiéramos sentarnos a meditar y dejar de pensar por completo, sin ninguna perturbación en la mente que nos evite experimentar total paz y tranquilidad. Desafortunadamente no es tan fácil.

Intenta esto por un momento: cierra los ojos y trata de poner la mente en blanco.

¿Tuviste suerte? Aun si pudieras por unos cuantos segundos evitar estar atrapado en tus problemas, preocupaciones o pensamientos sin sentido, probablemente todavía tendrías alguna imagen en tu mente—la habitación, tu entorno, los colores tras de tus párpados. Estabas consciente de ti mismo en esos entornos, sentías cierta emoción. Probablemente percibías tu respiración, casi con seguridad algo estaba en tu mente. Si no estaba, entonces no hay necesidad de que leas el resto de este libro o aprendas cómo meditar, pues ya has logrado lo que los meditadores buscan y se esfuerzan por lograr durante toda su vida: paz interior, o la capacidad por hacer que la mente este completamente en reposo a voluntad.

Cuando la mente se fusiona completamente con la conciencia pura, el meditador entra en un estado de dicha. Algunos adeptos alcanzan la capacidad de entrar en este trance yóguico a voluntad, pero es raro y, universalmente, logran esto después de años de esfuerzo.

Hablaremos más respecto de la bienaventuranza en capítulos posteriores.

Hasta que uno alcanza estos elevados estados de la mente, las ondas continúan dentro de ella debido a que ésta debe tener un objetivo. Requiere algo en qué pensar si va a existir en primer lugar. Siempre que tu consciencia de ti mismo o *yo* continúe existiendo, el *no-yo* o lo que está fuera de tu sentido de ti mismo, también continúa existiendo. Ésta es la naturaleza de la mente, no hay escape.

Mientras que, por el momento, no tienes elección respecto a si piensas, tienes una enorme elección respecto a qué piensas. Lo que pensamos afecta a nuestra mente en una variedad de formas.

La grabadora interior

Tú dices tantas cosas, y grandes porciones de lo que dices son insignificantes, simplemente un desperdicio de tiempo y energía y no sólo eso, sino también hablas dentro de tu mente. Y esto es

un desperdicio de energía también. Antes de ir a Estocolmo, tú puedes decir mil veces en tu mente: 'tengo que ir a Estocolmo, tengo que ir a Estocolmo, tengo que ir a Estocolmo', una absoluta pérdida de tiempo y energía.
¿Qué es el pensamiento? El pensamiento significa hablar en tu mente. El pensamiento está estrechamente relacionado con el soliloquio. Supongamos que no hay nadie que te escuche y que estás hablando. ¿Qué es? Es sólo como un pensamiento. Cuando estás hablando contigo mismo se denomina soliloquio. El pensamiento también es algo como eso. Algunos de tus pensamientos son tales que, si otros los escuchan, dirán que estás loco.

— Shrii Shrii Anandamurti

Hablamos con nosotros mismos todo el día. Algo de ello es consciente, pero mucho no lo es, oculto justo por debajo de la superficie de la conciencia ordinaria. Realizamos conversaciones con personas que podemos o no conocer; tenemos discusiones con nuestro interior. El diálogo interno enfatiza nuestros temores y complejos y sabotea nuestra tranquilidad. Nos sentamos a realizar una prueba y nos decimos que no será posible pasarla, ni siquiera podemos notar esa voz subconsciente dentro de nosotros, pero igual hace daño. Esta grabadora interna trabaja 24 horas al día. No podemos apagarla, ni bajarle el volumen. No siempre prestamos atención, pero ahí está, en el fondo, afectando cómo nos sentimos, lo que decimos, lo que hacemos. En ocasiones se vuelve tan molesto que es como si hubiéramos encendido una estación de radio que no nos gusta, pero no podemos apagar.

La primera cosa que fácilmente comprendemos respecto a la mente: realmente le gusta pensar.

2. La mente puede pensar una sola cosa a la vez

A la mente le encanta pensar, sin embargo no puede pensar más de una cosa a la vez.

Pruébalo como quieras, dos pensamientos no pueden ocupar el mismo espacio mental en el mismo instante. No puedes tener dos imágenes o repetir dos palabras simultáneamente: lo que sucede en realidad es que la mente salta a una velocidad increíble. El efecto

La segunda característica de la mente: "piensa sólo una cosa a la vez", A menudo considerada como una limitación de la mente, también es su fortaleza. Esta característica permite la concentración.

es algo como una película compuesta por una serie de imágenes fijas que cambian rápidamente (24 a 30 cuadros por segundo), que los objetos parecen moverse. Toda la percepción (visual, auditiva, táctil, olfativa o del gusto) funciona como una serie de tomas discretas que parecen continuas debido a que el espacio entre ellas es pequeño, demasiado pequeño para que nuestros receptores sensoriales lo registren como separados.

La segunda característica de la mente: piensa sólo una cosa a la vez. A menudo considerado como una limitación de la mente, también es su fortaleza. Esta característica permite la concentración.

Vivir en el futuro

La energía mental está ligada íntimamente con deseos y aspiraciones; muchos de nuestros pensamientos están involucrados con un futuro imaginario. "Si sólo pudiera llevar a cabo este trabajo", "me pregunto qué estará vistiendo", "espero que no llueva mañana, eso realmente dañaría las cosas", "si sólo pudiera encontrar un buen maestro entonces podría hacerlo". Cuando nuestra imaginación es urgida por nuestras ansiedades o temores tememos lo peor, en vez de visualizar lo mejor. Por cada buena razón para encontrar el éxito, nuestra imaginación encuentra más razones para esperar el fracaso o el error y después proyecta los cortos de la película en nuestro cine interno. "Si esto no funciona, es porque ya estaba escrito. ¿Cómo? Ni siquiera quiero pensar lo que podría haber pasado". Pero, por supuesto, nosotros pensamos y después pensamos un poco más.

Aunque queremos creer que nuestras predicciones son precisas, a menudo son fantasía y ficción. Dedicamos horas de esfuerzo mental a escribir y volver a escribir esa ficción en un trabajo que nunca se publica.

Comparado con las creaciones fantásticas de nuestra imaginación, los eventos actuales se vuelven aburridos, nuestra imaginación convierte las dificultades del tamaño de una pelota de golf en una avalancha de tragedias. Sin embargo, en la realidad, la mayoría de lo que tememos, pronosticamos o consideramos nunca sucede; el futuro tiene el hábito de destruir en forma sumaria los mejores planes.

> *Mi vida ha estado llena de las tragedias más terribles, la mayoría de las cuales nunca ocurrieron.*
>
> — Dale Carnegie

Gente complicada

Una consecuencia de la mentalidad de vivir–en–el–futuro es que la gente vive como si el presente tuviera poca importancia, excepto como una preparación para un futuro imaginado. La gente joven quiere volverse mayor, mientras que los mayores desean la juventud. Las personalidades se fragmentan en forma extraña. Un político puede pensar una cosa, decir otra y hacer algo completamente diferente para ganar una elección. Lo mismo pasa con nosotros. Cuando hablamos y actuamos puramente desde la perspectiva de qué beneficio pueda resultar, nos volvemos complicados. Pocas veces decimos lo que realmente sentimos por temor a las consecuencias, mentimos a otros y a nosotros mismos.

> *Supongamos que llega tu jefe. Le das la bienvenida diciéndole, 'Por favor entra, siéntate y come algo'. Lo adulas externamente pero en el interior dices: '¡Qué molestia! ¡Cuándo se irá!'*
> *Tu jefe no sabe esto. De esta manera tú tienes dos yo dentro de ti. Uno realiza acciones en el mundo externo, mientras que el otro piensa algo diferente en el interior. Tú estás bien al tanto de este yo interior, pero los demás no tienen una percepción correcta de él. Esto es lo que llamamos las dos caras de una sola personalidad: una enfermedad psíquica. Cuanto mayor sea el espacio entre estos dos yo, más tormenta física sufrirá una persona.*
> *Debes recordar que en la segunda mitad del siglo XX hay un gran espacio entre el yo interno y el yo externo. Y debido al problema para ajustarse a estos dos yo hay un aumento en el número de lunáticos. Ésta es la más grande enfermedad del siglo XX.*
> — Shrii Shrii Anandamurti

Vivir en el pasado

Cuando nuestras mentes no están involucradas en pensar respecto al futuro, usualmente vivimos en el pasado. Esta tendencia aumenta con la edad. Mientras algunos de los recuerdos son agradables, a menudo son los eventos dolorosos los que más nos persiguen. "Ella no tenía derecho a hablarme de esa manera. Es su culpa que todo vaya mal. Ojalá nunca hubiera hecho eso, ahora mira el lío en el que estoy". Si sentimos que hemos estado mal, nos encontraremos explicando nuestro lado de la historia a alguien más. Pero por supuesto no hay nadie ahí: son sólo los delirios de nuestro soliloquio interior ensayando nuestras líneas antes de una presentación sin auditorio. Podríamos desperdiciar nuestro tiempo reproduciendo una y otra vez eventos y emociones en la cabeza como un adicto a la televisión que ve repeticiones de *Yo quiero a Lucy*.

Memorias dolorosas pueden surgir en una parte dominante de nuestra propia imagen, impidiendo, efectivamente, experiencias sanas y felices en la vida diaria, aun cuando no tienen más sustancia que un espejismo en un desierto ardiente.

Vivir en el presente

Una mañana me senté en la mesa del desayuno a observar a un amigo mío engullir su tostada y café, leer el periódico y ponerse el abrigo, todo al mismo tiempo. Cada segundo miraba ansiosamente hacia el reloj y musitaba algo acerca de lo tarde que iba a llegar al trabajo. Cuando le pregunté cómo había estado el desayuno no tuvo nada que decir, excepto que iba de salida.

—¿Había algo interesante en el periódico hoy? pregunté.

—No lo sé —respondió. —Tenlo, me voy.

Sin embargo "aquí" era donde su vida estaba teniendo lugar. Qué desperdicio que hubiera elegido estar ausente en ese preciso momento. No saboreó su desayuno ni comprendió los encabezados que leía porque estaba mentalmente "de salida". Su cuerpo estaba pasando a través de los movimientos; su mente estaba en otra parte. Bien podría haberse comido el periódico.

> Es sólo aquí, en este precioso, efímero, momento en que estamos completamente vivos. Esa fracción de un instante—El eterno "ahora" que vive en el espacio entre el pasado y el futuro—va y viene tan velozmente que muchos de nosotros lo perdemos.

Más tarde, ese día, vi el Gran Premio Fórmula Uno español en la TV, la carrera más emocionante que he visto. Después de una oleada inicial que puso a Michael Schumacher muy por delante en el campo, súbitamente se desaceleró a medida que un carro tras otro le fue pasando. Su equipo de pista dijo a los comentaristas que estaba atascado en quinta velocidad, sin embargo, en vez de rendirse y salir de la carrera, declaró a su equipo de pista que iba a terminar la carrera para ganar puntos para el campeonato mundial. De manera increíble, en 10 vueltas empezó a rebasar a los otros autos y pasó a segundo sitio.

Los comentaristas de televisión no podían creer que estaba manejando sólo con una velocidad. Si así era, ¿entonces cómo podía estar incrementando la velocidad en las vueltas?

Detuvieron el comentario de la carrera para permitirnos a todos escuchar los cambios de engranajes por la cámara de video en vivo desde su auto. Para la siguiente media vuelta millones de personas en todo el mundo vieron y escucharon justo lo que él estaba experimentando conforme entraba a la recta en la vuelta a una velocidad impresionante.

DESARROLLO DE LA CONCENTRACIÓN

¡No había cambio de marcha! Me senté en el borde de mi asiento viendo por el parabrisas de Schumacher a medida que volaba en la vuelta a 150 millas por hora. Sin cambio de marcha que le frenara, su auto vibraba casi en forma descontrolada. Yo podía sentir la excitación, la emoción y el tremendo coraje que le llevó a hacer lo que estaba haciendo, casi como si estuviera sentado en el auto con él.

Lo que estuviera pensando Schumacher conforme avanzaba por la recta a 200 millas por hora no era en la cena, en la siguiente carrera o en su siguiente aparición en público. Cabalgando en el viento en una frágil pieza de metal, él estaba enfocado en ese momento como si su vida dependiera de ello. Y así fue.

Debo haber esperado toda mi vida para este momento... momento... momento...

— Jon Anderson

Es sólo aquí, en este preciso, efímero momento en que estamos completamente vivos. Esa fracción de un instante, el eterno "ahora" que vive en el espacio entre el pasado y el futuro—va y viene tan velozmente que muchos de nosotros lo perdemos. Sin embargo, si somos totalmente conscientes de ese instante, nos encontraremos sumergidos en una experiencia tan rica que ninguna creación en nuestra imaginación podrá igualarla. Sólo cuando despertamos por completo en el presente experimentamos la inmensidad que ofrece la vida.

Si durante su dramática carrera a la meta, Schumacher no hubiera estado totalmente presente, no habría sobrevivido mental y emocionalmente. Nuestra situación no es tan diferente como pudiéramos pensar. Si no podemos estar verdaderamente presentes a medida que se despliega nuestra vida, no sobreviviremos sino para engrosar las filas de los muertos en vida. Perdemos la razón por la que venimos. Estamos vivos sólo en la medida en que estamos mentalmente presentes en cada momento.

La vida es lo que sucede mientras estás ocupado haciendo otros planes.

— John Lennon

Las prácticas de concentración y meditación disciplinan nuestra mente para evitar que se inquiete por los pecados del pasado o desperdicie nuestra preciosa energía en los fantasmas de un futuro imaginario. Lenta, muy lentamente, experimentamos una sensación tremenda de poder. Nos sentimos más despiertos, vivos y elevados. Nos volvemos participantes conscientes en nuestra vida, despiertos a las infinitas posibilidades inherentes en cada momento. Lo que elijamos hacer, lo hacemos sinceramente con atención completa. No importa lo mundana que sea la tarea, incluso si sólo lavamos la ropa, este momento se llena con la alegría y la vitalidad de la vida consciente. Cuanto mejor se vuelva nuestra concentración, menor será el espacio entre lo que hacemos y lo que pensamos. Hasta que desaparece, entonces sentimos *la unidad de las cosas*.

> *Oh cuerpo balanceado por la música,*
> *oh brillante destello*
> *¿Cómo podemos distinguir al bailarín de la danza?*
> — W. B. Yeats

El secreto de la verdadera concentración: vivir en el presente. Cuando enfocamos la energía en nuestras mentes a través de la concentración, descubrimos el poder de la mente.

3. Te conviertes en lo que piensas

Tu imaginación es un avance de las próximas atracciones en la vida.
— Albert Einstein

La imaginación es el inicio de la creación. Tú te imaginas lo que deseas, tú deseas lo que te imaginas y al final tú creas lo que deseas.
— George Bernard Shaw

> Si nuestros pensamientos son suficientemente fuertes o persistentes se convierten en el paisaje a través del cual pasa nuestro camino, que no siempre es el terreno que deseamos.

El poder de nuestros pensamientos para dar forma a nuestra realidad ha sido reconocido por los grandes pensadores en todas las culturas a través de la historia. Los pensamientos no sólo dan forma a nuestra realidad: lo son. La mente es donde experimentamos el mundo externo. Todos los inventos brillantes de la humanidad, tanto para bien como para mal, comenzaron como semillas en la imaginación y nacieron cuando la mente los convirtió en realidad física. La mente es la fuerza creativa detrás de todos nuestros logros. Los pensamientos no son solamente su chismorreo ocioso, son potencialidades creativas poderosas buscando expresión en el mundo externo.

Observa profundamente en nuestro mundo de eventos y objetos para encontrar el pensamiento de alguien en la raíz de todo, desde el semáforo que ordena detener tu auto hasta la racha de mala suerte que juras fue un accidente. Nuestras actitudes colorean nuestras experiencias; dictan lo que vemos y lo que no vemos.

Recuerda el viejo adagio que dice que mientras un santo camina por la calle, un carterista sólo ve sus bolsillos. Los pensamientos nos dirigen por el camino de la vida a medida que nos esforzamos en materializar nuestras esperanzas y deseos.

Si nuestros pensamientos son suficientemente fuertes o persistentes, se convertirán en el paisaje a través del cual pasa nuestro camino, que no siempre es el terreno que deseamos. De manera más importante, nuestros pensamientos son responsables por quiénes somos, por nuestras debilidades y fuerzas, nuestros defectos y talentos, nuestra capacidad para amar, para sobrellevar el sufrimiento y derivar el placer, de cada momento en el drama de nuestra existencia. Buda dijo: *"Somos lo que pensamos habiéndonos convertido en lo que hemos pensado"*.

El creciente énfasis en el pensamiento positivo predominante en la sociedad occidental actual tiene raíces en esta tercera característica de la mente. Si nos permitimos tener pensamientos negativos, desarrollamos tendencias mentales negativas y esto no sólo crea ansiedad, tensión y temor, sino que además sabotea nuestros esfuerzos por seguir adelante.

Al esforzarnos conscientemente hacia pensamientos positivos, aumentamos nuestro sentido de bienestar y, al mismo tiempo, creamos un ambiente agradable para la materialización de esos pensamientos en nuestras vidas diarias. Mary Baker Eddy demostró exitosamente el poder de las afirmaciones positivas en la curación de la enfermedad.

Para poder utilizar esta característica de la mente para nuestro provecho, debemos ejercer cierto control sobre lo que pensamos, entrenando la mente para evitar que se pierda y nos descarrile. Una mente no entrenada es como un cachorro juguetón que corre por todos lados como loco en el momento en el que le sueltan la correa. Si la dejamos deambular de acuerdo con su tendencia natural, nos llevará en muchas direcciones diferentes, dejándonos mareados y confusos, a merced de pensamientos caprichosos y deseos en conflicto.

Los pensamientos, en general, se refieren a un futuro imaginario y a un pasado muerto pero aún no enterrado. Si vamos a entrenar la mente adecuadamente, una de las primeras cosas que necesitamos aprender es vivir en el presente.

Concentración

¿Recuerdas al estudiante en tu quinto año que no podía concentrarse? Toda aula tiene uno. Mientras el maestro discute la caída del imperio romano, él está enviando una nota, jugueteando con su lápiz o volviéndose ante el más leve sonido. No importa cuántas veces el maestro le pide que preste atención, nunca dura mucho. Un minuto después su mente está deambulando de nuevo: o un sonido o un movimiento de uno de los otros estudiantes lo distraen. Bien, ese estudiante eras tú y todavía lo eres. ¿Cuántas veces mientras hablas con un amigo estás pensando en el concierto para el que tienes boletos esa tarde, aquél que estuviste esperando toda la semana? ¿Cuántas veces sentado en la oficina escuchando la presentación de un colega tu mente evoca una conversación que tuviste en el almuerzo? ¿o estás a la mitad de la segunda canción del concierto y te imaginas en el escenario con la guitarra en tus manos y el auditorio vuelto loco en lugar de realmente escuchar la música? La mente simplemente no puede estar tranquila, no importa lo mucho o lo amablemente que se lo pedimos.

> La base de toda meditación, sin duda de todá la vida consciente, es el arte de la concentración, la capacidad de enfocar nuestra atención en una cosa.

Algunas personas pueden hacerlo. Un amigo mío de la infancia tenía una capacidad sorprendente para absorberse en un libro hasta excluir todo lo demás. Sus hermanas y yo hacíamos un juego de ello: gesticulábamos sobre él en voz alta, insultándolo, riendo, intentando hacer que él nos notara, pero estaba totalmente ajeno, tan enfocado que no nos podía escuchar.

¿Qué es la concentración? Es tan simple como dar toda tu atención a una cosa y mantenerla ahí: estar absorto en un libro, una conversación amistosa, una música de inspiración o la belleza del atardecer sobre el océano. Es simple, pero por ningún motivo es fácil. Si puedes concentrarte, has dominado el secreto de vivir en el presente, porque cuando puedes poner toda tu atención en lo que estás haciendo, te vuelves totalmente despierto en el momento, tu *yo* interior y tu *yo* exterior se vuelven uno; tu mente adquiere tremendo poder. Su estado disperso, ordinario, es sólo como los rayos difusos del sol: calientes pero no particularmente poderosos. Concentra esos rayos a través de una lupa suficientemente grande y quemarán un orificio a través de la piedra.

Paramahansa Yogananda, el gran Yogui indio, fue abordado en Los Ángeles por un ladrón armado que le ordenó que le diera su dinero. "Ponga esa arma en el piso de inmediato", dijo Yogananda y sus palabras tuvieron tal fuerza que el ladrón lanzó su arma y huyó. Alguien con una mente concentrada es capaz de dar una orden que exige algo más que respeto.

La base de toda meditación, sin duda de toda la vida consciente—es el arte de la concentración, la capacidad de enfocar nuestra atención en una cosa. Cuando el objeto de la concentración es nuestra conciencia, el ser infinito dentro de todos nosotros, eso es *meditación*. Cuanto más profunda sea nuestra concentración, más penetramos en el secreto de quiénes somos.

Concentración en la meditación

La meditación se aprovecha del hecho de que podemos pensar solamente en una cosa a la vez. Esto en realidad hace nuestra tarea más simple. Siempre que la mente esté entretenida en un pensamiento no puede pensar en nada más; si está involucrada en el presente no puede estar perdida en el pasado o el futuro. Todo lo que tenemos que hacer es repetir el mismo pensamiento una y otra vez, como un reloj de arena con sencillos granos que descienden, uno tras otro, en un flujo uniforme e ininterrumpido.

La forma en la que la meditación logra esto es eligiendo una sola idea para concentrarnos. Cuando la mente vaga lejos de esta idea, la traemos de regreso, deambula de cualquier forma de nuevo y de nuevo la regresamos. No la forzamos a permanecer centrada desechando otros pensamientos, ni permitimos que vague libremente, simplemente retornamos a ella una vez que nos damos cuenta que se había extraviado.

> **La meditación se aprovecha del hecho de que podemos pensar solamente en una cosa a la vez. Esto en realidad hace nuestra tarea más simple.**

Una y otra vez, sesión tras sesión, día tras día, con el tiempo nuestra mente desarrolla el hábito de regresar a esta idea.

Al principio sólo puede permanecer enfocada por muy cortos períodos de tiempo, probablemente unos cuantos segundos, y puede vagar por algún tiempo antes de que incluso nos demos cuenta de que está deambulando, pero cada vez que regresamos reforzamos el hábito. Gradualmente, debido a la repetición forzada, la mente se acostumbra a esta práctica, el espacio se reduce; la atrapamos más rápido cuando vaga. Eventualmente, desarrollamos la capacidad para enfocarnos por periodos más largos de tiempo. Las distracciones todavía llegan y se van, perdiendo su fuerza sobre nosotros. Desaparece su capacidad para desviar nuestra mente de nuestro punto de concentración. La capacidad de la mente para mantener y profundizar su concentración desarrolla una fuerza tremenda.

Practica esta técnica de concentración virtualmente con cualquier objeto como foco. Puede ser algo externo, como la llama de una vela, un punto en la pared, o algo interno, como una imagen particular o un sonido particular. Sin embargo, como aprendimos, cuando nos fijamos en la tercera característica de la mente, "nos convertimos en lo que pensamos", nuestra selección del tópico de concentración es de vital importancia. Somos libres de elegir cualquier objeto de concentración, pero nuestra elección determina en qué nos convertimos en el proceso. Para que la concentración se vuelva meditación, nuestro enfoque de la concentración debe ser nuestro yo interior, la meta de nuestro largo viaje a través de la vida. Hablaremos más de esto en el siguiente capítulo.

Abriendo la puerta al descubrimiento de uno mismo

> En las profundidades de nuestras propias mentes se oculta el secreto de quiénes somos: nuestro más profundo, y aún sin descubrir, *yo*.

Una vez una quinceañera me dijo que estaba muy preocupada por lo que otra gente pensaba respecto a ella. La tranquilicé: "no te preocupes, realmente no es un problema. En general otras personas no están pensando en ti. De hecho, están muy ocupados preocupándose por lo que tú piensas de ellos".

Así somos todos. ¿Qué es lo primero que haces cuando ves una vieja fotografía de la escuela? ¿Quién es la persona más interesante en el mundo para ti?

Una ayuda natural para el arte de la concentración es elegir algo interesante para concentrarse. Cuando la película es aburrida o la conversación se vuelve mundana, es cada vez más difícil que mantengas tu atención fija en ello. Cuando meditemos, seleccionemos lo que es para todos nosotros la cosa más importante en el universo. Si te muestran una fotografía de graduación de la secundaria, ¿a quién buscarás primero? Todos sabemos la respuesta a esa pregunta. Nuestro propio *yo* es, y siempre será el objeto real de nuestra búsqueda. El autodescubrimiento es de lo que trata la meditación debido a que de eso se trata el viaje de la vida.

Al principio la meditación es como el océano que se ha agitado por una tormenta. El agua está turbia y cargada de sedimentos y fango, y impidiéndonos ver el fondo. Ni siquiera podemos ver la profundidad a la que puede estar, pero si somos pacientes, el fango lentamente se aclara y el extenso mundo marino con todas sus maravillas se revela. En las profundidades de nuestras propias mentes se oculta el secreto de quiénes somos: nuestro más profundo, y aún sin descubrir, *yo*.

Cuando era relativamente nuevo en el arte de la meditación, aprendí algo respecto a cómo la concentración ayuda a practicarla. Iba en mi camino a dar una clase introductoria y tenía aproximadamente dos horas libres. Estaba cerca de una hermosa playa en Noosa, Australia, y estaba atardeciendo. Decidí meditar en la playa. Era un sitio idílico. Pequeñas olas reventaban suavemente en la arena y los delfines jugaban en el agua. Parecía un entorno perfecto.

> **Cuando esto sucede, experimentamos un sentido profundo de felicidad interior, sabiduría, paz y claridad, bastante más profundo que cualquier cosa que hayamos conocido.**

Pero no fue mucho después de haber cerrado mis ojos cuando sentí un cosquilleo en las manos, después en los brazos y en la cara y un nada placentero escozor en varios puntos de la piel expuesta. ¡Mosquitos! Abrí los ojos y para mi sorpresa vi docenas de mosquitos empezando a alimentarse de mí y una nube de cuando menos 50 más volando cerca. Qué irónico que este lugar perfecto estuviera infestado con estos "chupasangre". Los alejé con mis manos pero no se desalentaron e invitaron a sus amigos. ¡Era desesperante! No conseguí nada de meditación en absoluto.

Tomé la firme determinación de cerrar mis ojos y meditar por una hora sin moverme incluso si los mosquitos me dejaban seco por completo. Al principio fue increíblemente difícil. Visualizaba sus terribles pequeñas naricitas en mi carne bebiendo de mi sangre. Estaba desesperado por reaccionar, pero volví férrea mi voluntad y empecé mi meditación. Después de unos cuantos minutos me quedé completamente absorto en una de las experiencias de meditación más placenteras que he experimentado y no pensé más en los mosquitos por la siguiente hora. Cuando abrí los ojos los mosquitos se habían ido. Estaba sorprendido de no encontrar una sola picadura.

Me di cuenta entonces: podría concentrarme en cualquier momento si realmente lo deseaba.

Con el *yo* interior como objeto de concentración llevamos a nuestra mente al interior. A medida que nuestra experiencia con la meditación se vuelve más placentera, nuestra mente es naturalmente atraída a este misterioso ser interior. Gradualmente, a través de la práctica regular, la corriente de nuestra conciencia se enfoca en esta dirección. Todas nuestras emociones y pensamientos fluyen juntos hacia las vastas regiones interiores de la mente. Cuando esto sucede, experimentamos un sentido profundo de felicidad interior, sabiduría, paz y claridad, bastante más profundo que cualquier cosa que hayamos conocido. Desde la mente consciente a la mente subconsciente y todavía más profundo, la concentración de la meditación es la clave que abre la puerta a ese maravilloso ser interno.

Prueba esto

- Regresa a tu sitio de meditación en la naturaleza (si el clima es malo, puedes encontrar un sitio en interiores). Esta vez con los ojos abiertos, selecciona algo en qué enfocarte: un árbol, una hoja o una piedra, no importa qué. Mantén tu mirada fija en esto y toma conciencia de tu respiración. Hazlo por 10 minutos. Después haz la meditación con los ojos cerrados, enfocándote en tu respiración y tratando de mantener tu mente en el momento presente, sólo en el presente.

- Observa cómo la mente tiende a deambular o a alejarse del momento presente; ve si puedes atraparte pensando algo aparentemente aleatorio, y después sigue la "cadena de pensamientos" que te llevó a ese pensamiento. Nota en tu registro cómo tu mente continúa creando estas cadenas cuando un pensamiento lleva a otro y a otro. Empieza a desarrollar algo de autoconciencia en torno a este hábito mental, que evita que permanezcamos enfocados en el presente.

*Tú abriste nuevas puertas,
brillando en el mundo.
Te observo en el corazón de los sueños.
Esta vez la magia nunca morirá.*

— De la canción *The Return of the Magic*
Dada Nabhaniilananda

Chapter Five

Mantra: La canción del mundo interior

Sin depender del mantra, no se puede alcanzar la "budeidad".
— Dalai Lama

Pensar en nuestra propia conciencia

Imagina el campo por la noche. Ha estado lloviendo, pero las nubes se han despejado, revelando la luna. Algunas vacas caminan lentamente bajo su luz pálida. Dejan huellas en la tierra blanda y conforme el agua las llena lentamente forman una serie de pequeños charcos con la luna reflejada en cada uno de ellos. Parece haber muchas lunas, sin embargo, cualquiera que mire el cielo comprende que, simplemente, son reflejos de una sola.

La sensación de que "yo sé que yo existo" (nuestra conciencia individual), se conoce como *atman* en sánscrito. Los materialistas argumentan que la conciencia es un producto de procesos químicos, pero ningún científico en la Tierra ha sido capaz de explicar esto. Hace mucho que los yoguis se dieron cuenta de que todo el universo es una proyección del pensamiento de la *Conciencia Cósmica*; lo que llamamos "realidad", desde la perspectiva del Creador es pensamiento. Nuestras mentes individuales reflejan esta *Conciencia Cósmica*, haciéndonos conscientes de nuestra propia existencia. Como las lunas se reflejan en el agua, mi sensación de *yo* y tu sensación de *yo* son reflejo del mismo *yo* cósmico. La experiencia de esta sensación del *yo* puro, independientemente de cualquier pensamiento, es la meta de nuestra meditación.

> Nuestras mentes individuales reflejan esta *Conciencia Cósmica*, haciéndonos conscientes de nuestra propia existencia.

¿Pero cómo podemos concentrarnos en conciencia pura, en algo que es infinito? La única cosa que el ojo no puede ver es el ojo mismo; en el caso de la mente, es el *yo* el que no puede ver el *yo*. ¿Cómo puede la mente alcanzar aquello que está más allá de la mente, de lo cual surge la mente? Éste es el dilema del meditador.

Una cuchilla corta cosas,
pero no a sí misma:
los ojos ven todo
excepto a ellos mismos.
— Un bosque zen: refranes de los maestros
Traducido por Soiku Shigematsu

Hace miles de años los yoguis en la India descubrieron la solución a este dilema. Encontraron un método que puede llevar a la mente agitada a un estado de paz trascendental. El método era el *mantra*.

La palabra *mantra* viene del antiguo sánscrito, significa literalmente 'lo que libera la mente'. *Man* significa 'mente' y *tra* significa 'libertad', de manera tal que es una palabra o un grupo de palabras que cuando se medita en él, conducen la mente a la libertad. Nos transporta a través del laberinto de nuestros pensamientos al océano de la conciencia pura. ¿Cómo lo hace?

Cuando meditamos, debemos pensar en algo, en un objeto de concentración. En este caso, en una palabra, una vibración sonora significativa con la capacidad de crear un cierto tipo de ritmo en nuestra mente. Todos los *mantras* empleados para meditación poseen estas tres características: sonido, ritmo y significado. Cada una desempeña papeles específicos en el *mantra* en el contexto de la meditación.

1. El poder del sonido

Mientras escribo estas palabras estoy escuchando una grabación de un canto espiritual: *Flujo de amor* de Sukha Deva, uno de los mejores músicos que conozco. ¿Cómo algo tan simple puede tener un efecto tan poderoso, tan misteriosamente potente? Sin esfuerzo por mi parte, la música despierta una sensación de gozo en mi corazón, suave pero placentero. Es tan extraño. Como yogui y músico, comprendo la teoría de porqué pasa esto, sin embargo el poder que tienen estos sonidos de transformar mi estado de ánimo en un momento, todavía me resulta mágico.

El sonido es el origen de todas las cosas. Las mitologías de muchas culturas hablan de sonido en los albores del tiempo. Dicen que el Creador utilizó la música para tejer su hechizo cósmico. El Viejo testamento de la Biblia relata: "Al principio fue el Verbo". La tradición aborigen australiana nos dice cómo el universo fue "cantado" al

> **En meditación profunda es posible escuchar este sonido, el sonido *Om*, el sonido semilla de todo el universo que reverbera en nuestro ser interior.**

principio, y el *Libro tibetano de los muertos* revela la esencia de la realidad como "reverberando como mil truenos distantes".

En la filosofía del yoga, la primera vibración, el sonido primordial del universo, es el sonido *Aum* u *Om*, que representa la suma total de todas sus vibraciones, e incorpora en su interior los tres aspectos de Dios: *Brahma*, el Creador; *Vishnu*, el Conservador y *Maheshvara*, el Destructor. En meditación profunda es posible escuchar este sonido, el sonido *Om*, el sonido semilla de todo el universo que reverbera en nuestro ser interior. De acuerdo con la física, el universo empezó con una vasta explosión de energía: el *Big Bang*. Hay muchos paralelismos entre los mitos de la creación y los descubrimientos emergentes de los físicos modernos.

La vibración tiene un gran poder. ¿Recuerdas la historia bíblica de las murallas de Jericó derrumbadas por el sonido de las trompetas? Cuando los soldados cruzan un puente se les ordena romper el paso para evitar que el ritmo regular de la marcha provoque una resonancia que haga que el puente se sacuda cada vez más hasta derrumbarse.

El sonido y la música curan. En el siglo V a.C. Demócrito de Grecia escribió acerca de picaduras de serpientes curadas por el sonido de una flauta. Centros de terapia americanos y europeos utilizan la música para ayudar a pacientes de Alzheimer, Parkinson y cáncer. El productor de música Terry Woodford utiliza grabaciones del latido cardiaco humano mezclado con el ritmo de la música para ayudar a pacientes, niños y adultos en más de 4000 hospitales.

> **La música se emplea en la mayoría de las tradiciones espirituales o religiosas para inducir trances devotos, éxtasis y estados alterados de la conciencia.**

Vemos el mismo principio funcionando en los rituales mágicos y prácticas de los indígenas, encantos tribales y "hechizos mágicos", así como las diferentes formas de cantos y música religiosa. En la India se lleva a cabo una tradición antigua de sanación a través de la música, con cuentos increíbles de un violinista que cura con música a pacientes terminales.

El gran músico indio Tansen, hizo florecer un árbol antes de tiempo al entonar un *Raga* particular en su *viina* (instrumento clásico de múltiples cuerdas parecido al *sitar*) para agradar a su rey.

De forma más significativa, considerando nuestro asunto, la música se emplea en la mayoría de las tradiciones espirituales o religiosas para inducir trances devotos, éxtasis y estados alterados de la conciencia.

El sonido afecta nuestras emociones

Somos muy sensibles al sonido. El oído es el primer órgano sensorial que se desarrolla y es totalmente funcional a la mitad de la gestación, cuatro meses y medio antes del nacimiento. Los sonidos que se escuchan en el vientre estimulan el desarrollo del sistema nervioso. Todos experimentamos la capacidad del sonido para efectuar cambios en nuestro estado mental. El sonido del mar a veces es melancólico; el del flujo de un río nos hace sentir serenos, mientras que el de una motosierra irrita nuestros nervios. Un preludio de Bach, un bebé que llora o alguien que raspa con las uñas en un pizarrón, todo afecta nuestra mente de distinta forma. Diversos sonidos pueden inducir emociones completamente diferentes en nosotros, casi en forma instantánea. Lo mismo aplica para formas y colores. Siéntate en silencio por algún rato en una habitación con luz azul, después pasa a una habitación rojo brillante y notarás un cambio significativo en tu estado mental. Esta es la razón por la que los centros de salud mental usualmente están pintados de color azul claro o verde claro. ¡Es difícil imaginar que alguien los pinte de rojo o de negro!

Todo lo que percibimos tiene un efecto en la mente, y es esta ley universal la que hace el uso del *mantra* tan efectivo.

Mantra y cakras

Si sales al campo una noche despejada te deslumbrarás con la luz de miles de estrellas, dispersas como joyas sobre el océano de la noche. Sin embargo, a la mañana siguiente ya no estarán. El cielo es azul. Sabemos que las estrellas están ahí pero el sol, mucho más cercano, las supera en brillo.

No todo lo que es real es visible. Nunca vemos algunas cosas que son reales como el viento o el campo electromagnético que circunda la Tierra o los pensamientos de las personas. Si vamos a la parte profunda y silenciosa de la mente, empezamos a experimentar sus maravillas ocultas.

A medida que los antiguos yoguis observaron cómo diferentes sonidos afectan nuestros pensamientos y sentimientos, desarrollaron una comprensión, sutil e intuitiva, de la relación entre los sonidos y nuestro cuerpo, la energía vital y nuestro estado mental. Estudiando el cuerpo y la

> En estados profundos de meditación, este cuerpo de energía sutil puede ser percibido como un patrón de canales relucientes de energía y lotos de brillantes colores sobre la médula espinal, en los puntos en donde cruzan los canales de energía.

Diagrama de los *cakras*, nadis y vrtis del sistema humano.
dibujo por Jagadiish Azzopardi

mente, adquirieron una mayor percepción de la salud, de la psicología y de la práctica espiritual. Ésta es la base para la ciencia del *mantra*.

De acuerdo con el modelo yóguico, nuestro cuerpo físico no es más que un aspecto del sistema humano multidimensional. Paralelo al cuerpo físico está un cuerpo más sutil de energía vital o *prana* (*chi* en la filosofía china). El flujo de esta energía vital a través de nuestro sistema regula nuestra salud, vitalidad, pensamiento y emociones. No es una fuerza física, no podrías encontrarla si abrieras el cuerpo, sin embargo, patrones definidos fluyen en el cuerpo que se sienten cuando desarrollamos la sensibilidad correcta. Hay tres canales principales de energía vital: uno corre por el centro de la médula espinal, los otros dos se originan uno tras cada orificio nasal y en su flujo descendente ondulan en ambos sentidos a través de la espina dorsal. Los puntos donde se cruzan son los *cakras*. Siete residen en la vecindad de las glándulas principales que influyen en nuestras emociones a través de secreciones hormonales. Es este sistema el que forma la conexión entre nuestro cuerpo físico: sistema nervioso, glándulas y nuestra mente. Por ejemplo, el tercer *cakra*, cerca de las glándulas suprarrenales en el punto del ombligo, está relacionado, entre otras cosas, con el hambre y el miedo.

En estados profundos de meditación, este cuerpo de energía sutil puede ser percibido como un patrón de canales relucientes de energía y lotos de brillantes colores sobre la médula espinal en los puntos en donde cruzan los canales de energía. Cada pétalo de loto corresponde a una propensión, deseo o sensación humana particular, y cada uno emite un color y un sonido específico.

> *Las cosas más bellas en el mundo no se pueden ver, o incluso, tocar. Deben ser sentidas dentro del corazón.*
>
> — Helen Keller

Vrtiis. Propensiones mentales

Nuestra actividad mental es una matriz muy compleja de deseos y sentimientos, pero el proceso a través del cual surgen los pensamientos no es aleatorio. En el centro de nuestra *psique* hay cincuenta propensiones principales (*vrttis* en sánscrito). Cada emoción o deseo que tenemos: temor, enojo, compasión, afecto o timidez, es la expresión de una de estas propensiones. Algunos son deseos físicos mundanos basados en instintos de supervivencia. Otros, más sutiles, que reflejan nuestra evolución mental, y otros son expresiones sublimes de nuestro anhelo espiritual fundamental. Regular estas propensiones es lograr control sobre nuestra mente.

Piensa por un momento en el proceso de la fotografía a color. El azul, el rojo y el amarillo se mezclan en conjunto con diversas intensidades. La combinación de estos tres colores da lugar a millones de colores del espectro visible que vemos en una fotografía o pintura, o simplemente cuando abrimos nuestros ojos al mundo que nos rodea. La mente humana no tiene tres, sino cincuenta colores psíquicos o propensiones mentales, cada una de las cuales se puede expresar en muchos niveles de intensidad. Una o más casi siempre está activa en cierto grado en todo individuo. Las combinaciones de propensiones activas en cualquier tiempo dado generan una variedad de pensamientos y sentimientos. Cuando todas ellas quedan completamente inmóviles, la conciencia pura brilla en su estado original, no alterado, y el meditador entra en estado de éxtasis, el trance conocido como *samadhi*.

Sánscrito. El idioma de los *mantras*

A medida que las investigaciones de los antiguos yoguis les llevaron más profundamente hacia los reinos sutiles de la mente, encontraron el sonido y su significado: el dominio del lenguaje en la raíz misma de los procesos del pensamiento humano. No sólo descubrieron que el lenguaje es el determinante primordial de cómo percibimos el mundo, también encontraron que cada uno de los cincuenta *vrttis*, controlados por los siete *cakras*, tienen un sonido correspondiente.

Estos cincuenta sonidos constituyen las cincuenta letras del alfabeto sánscrito. Es debido a este vínculo íntimo con la psiquis humana que esta lengua es idealmente adecuada en la creación de *mantras* para la meditación y la práctica espiritual.

Un estudiante me contó su maravillosa y extraña experiencia: cuando se sentó a meditar, no necesitó repetir el *mantra*, pues lo escuchó desde el interior de su propia mente.

Los yoguis que estudian esta ciencia se dieron cuenta de que era una poderosa herramienta en la búsqueda de la liberación espiritual. Algunas de nuestras cincuenta propensiones mentales son profundamente introvertidas. El sonido del *mantra* despierta las más puras, al elevar nuestros sentimientos más íntimos.

El *mantra* nos guía hacia la *Conciencia Infinita*.

> **Estos cincuenta sonidos constituyen las cincuenta letras del alfabeto sánscrito. Es debido a este vínculo íntimo con la psiquis humana que el sánscrito es idealmente adecuado para la creación de *mantras* para la meditación y la práctica espiritual.**

*Hay una canción que me dicen no tiene música,
y un océano sin olas.
Hay una paz que sobrepasa todo entendimiento,
y yo anhelo encontrarla.*
— De la canción *Shanti*
Dada Nabhaniilananda

2. Respiración

La siguiente característica se refiere al ritmo. Lo que significa a nivel práctico que se sincroniza con nuestra respiración, y por ende, todos los *mantras* para meditación personal constan de dos sílabas.

Nuestra respiración ejerce una gran influencia en nuestro pensamiento. Cuanto más rápida e irregular sea, tanto más difícil es que nos concentremos profundamente. Cuando se ralentiza, nuestra capacidad de pensamiento aumenta de manera significativa. Haz una pregunta a alguien que recién ha estado corriendo por cierta distancia y está respirando muy fuerte. Probablemente dirá: "espera un momento mientras recupero mi aliento". Por el contrario, cuando estás totalmente concentrado en cualquier asunto, notarás que tu respiración es muy lenta y regular.

El alineamiento del *mantra* con nuestra respiración tiene dos beneficios principales: en primer lugar, ayuda a regular y a disminuir el ritmo de nuestra respiración de forma natural, lo que a su vez profundiza nuestra concentración; en segundo lugar se establece una asociación entre nuestra respiración y la repetición del *mantra*, lo que nos ayuda a recordarlo. Cuando la persona consigue realizar esta práctica, encuentra que el *mantra* continúa con su respiración aun cuando no está meditando formalmente. Su mente permanece en un estado meditativo a pesar de haber regresado a sus actividades diarias. Cuando se sienta para meditar, encuentra fácil permanecer concentrado debido a que el *mantra* ya está ascendiendo y descendiendo con su respiración.

3. El significado del *mantra*

Sin un concepto de ideación, la repetición de un mantra es una pérdida de tiempo.
— Shrii Shrii Anandamurti

El poder del pensamiento; tu objeto mental.
El pensamiento, como lo comprendemos normalmente, involucra un sujeto y un objeto. Llevemos esto un paso más allá y distingamos entre nuestro objeto mental, o la imagen que tenemos en nuestra mente de

algo externo a nosotros, y el propio objeto, incluso si el objeto mental es un concepto abstracto. La cosa a la que se refiere nuestro objeto mental, ese nuevo auto, tu nombre en todas las revistas de modas, puede que todavía no exista en la realidad. Tal vez nunca exista, pero el pensamiento existe, y los pensamientos son, después de todo, eventos significativos que involucran movimientos de energía poderosa. Transbordadores espaciales y armas nucleares empezaron como ideas o pensamientos dentro de la mente humana, el dispositivo más poderoso en el universo conocido.

Un pequeño grupo de niños semiautistas que sufrían de retardo en el desarrollo, no había podido hacer la transición esencial de gatear a caminar, aunque no había razón física que se los impidiera, eran incapaces de tomar la primera etapa mental a pesar de los mejores esfuerzos de sus maestros. Uno de ellos tuvo una idea: les enseñó un nuevo juego. Amarró una cuerda entre dos sillas pesadas y puso a los niños de pie, sosteniendo la cuerda para darles soporte. Podían estar de pie soportados. Entonces les enseñó a empezar a dar pasos sostenidos por la cuerda y jugaron con esto hasta que pudieron caminar todo el largo de la cuerda. Cada día sustituyó la cuerda por otra más delgada, luego por un hilo y finalmente por algodón, de modo que, sin darse cuenta, no estaban sostenidos en absoluto, pero ya estaban caminando. Finalmente, cortó el algodón en trozos a modo de que pudieran caminar sosteniendo los trozos de algodón. Pudieron hacerlo porque pensaron que podían.

Si piensas que tendrás éxito, tendrás éxito. Si piensas que fallarás, fallarás; de cualquier forma estás en lo correcto.
— Paramahansa Yogananda

De acuerdo con la psicología del yoga, los objetos mentales tienden a ser expresados en el mundo externo. Lo que pensamos tiende a suceder.

Esta idea no es exclusiva del yoga ni es un nuevo descubrimiento. La magia tribal se basa en el mismo principio: grupos de cazadores que participaban en rituales representaban una cacería exitosa antes de embarcarse a la cacería real. El chamán pintaba imágenes de la presa cazada en las paredes de la cueva con la creencia de que si visualizaban una caza, se haría realidad.

En el entrenamiento deportivo moderno, los entrenadores exhortan a sus campeones

> **De acuerdo con la psicología del yoga, los objetos mentales tienden a ser expresados en el mundo externo. Lo que pensamos tiende a suceder.**

> Al pensar que somos felices, sanos y exitosos, tendemos a volvernos felices sanos y exitosos. Lo contrario también sucede.

a visualizarse ganando repetidamente, saltando más alto, golpeando más duro y corriendo más rápido. En seminarios de ventas y administración, los gerentes ponen gran énfasis en la importancia de enfocarse en la meta. La sabiduría común proclama los efectos benéficos de una autoimagen y una actitud mental positivas, y por el contrario, los efectos nocivos del pensamiento negativo: al pensar que somos felices, sanos y exitosos, tendemos a volvernos felices, sanos y exitosos. Lo contrario también sucede.

El poder del pensamiento positivo

El escritor Norman Vincent Peale popularizó la importancia del pensamiento positivo al principio del siglo pasado. Éste se volvió la base del entrenamiento motivacional y psicológico en los campos de negocios, utilizando un principio que se ha empleado en yoga por miles de años.

Puesto que nuestros pensamientos tienden a materializarse, nuestras ideas negativas también evitan que manifestemos lo que deseamos. Nuestros deseos fallan en lograr su expresión externa por muchas razones, pero probablemente la más común es que el lado negativo de nuestra imaginación sabotea nuestros más queridos deseos; tiene tremendo poder, y cuando éste se combina con el miedo u otros sentimientos negativos (duda, ansiedad, temor, inseguridad, enojo, resentimiento) fácilmente se anulan todas las expresiones positivas de la voluntad. Es como manejar con el freno de mano puesto. Parte de nosotros impulsa hacia adelante mientras que otra parte nos restringe y el resultado es un viaje al mecánico.

La meditación nos enseña un estilo de pensamiento que sincroniza nuestra imaginación con nuestra voluntad. Creamos una onda positiva u objeto mental en nuestra mente y después hacemos un esfuerzo por enfocar nuestra atención en ello. Cuando surgen patrones de pensamiento negativos y amenazan con dirigirnos a una dirección diferente, volvemos a dirigir nuestra mente de regreso a la onda positiva, entrenándonos, de esta manera, para superar la distracción inhibiendo la influencia de los pensamientos negativos. Mediante la práctica regular, este estilo de pensamiento se vuelve un hábito y empieza a afectar otras áreas de nuestras vidas. Es una experiencia común de los meditadores regulares lograr que sus deseos se materialicen rápida y fácilmente en el mundo externo. Sin embargo, ¡esto no siempre es una experiencia positiva! Muchas veces lo que deseamos no es lo mejor para nuestro crecimiento y los meditadores pronto aprenden que deben ejercer control sobre sus pensamientos y deseos por la simple razón de que a menudo se hacen realidad.

La mitología y las escrituras están llenas de historias de personas que aprenden por el camino difícil que tener lo que quieres no siempre es algo bueno. Recuerda al Rey Midas, que, en su ambición deseaba que todo lo que tocara se convirtiera en oro. Por un tiempo disfrutó su riqueza recientemente encontrada, pero después su propia hija regresando de un viaje corrió a abrazarlo y antes de que pudiera detenerla, ella se volvió una estatua de oro.

Lo único peor que no obtener lo que quieres, es obtener lo que quieres.
— Oscar Wilde

Aunque la práctica de la meditación tiene mucho en común con las diversas escuelas del pensamiento positivo, hay varias diferencias cruciales. En vez de utilizar numerosos objetos mentales, por ejemplo, diferentes afirmaciones, y de esta manera difundir nuestro enfoque, meditamos en un objeto, lo cual nos permite aprovechar todo el poder de la mente. Ese objeto es el más sutil que existe, la misma *Conciencia*. Esto nos lleva al mayor crecimiento posible y a la expansión de la mente.

Hay una limitación inherente en un programa de pensamiento positivo si el objetivo es simplemente desarrollar una imagen propia fuerte y positiva y un sentido de bienestar. Podemos obtener todo eso, incluso podemos volvernos ricos e influyentes, si eso es lo que realmente queremos, pero no hay garantía de que, incluso esto, nos proporcione felicidad duradera.

> Incluso podemos volvernos ricos e influyentes, si eso es lo que realmente queremos, pero no hay garantía de que, incluso esto, nos proporcione felicidad duradera.

Las personas en general son tan felices como deciden serlo.
— Abraham Lincoln

Poder mental

Estabas pensando en alguien cuando sonó el teléfono y adivinas quién está al otro lado de la línea; quieres ir a un concierto, pero no puedes obtener un boleto; súbitamente un amigo te dice que tiene uno extra para el espectáculo y te pregunta si quieres ir.

¿Te ha pasado esto alguna vez? ¿Eran éstas coincidencias o pequeños ejemplos de la poderosa conexión entre el pensamiento y la realidad física?

Los meditadores en todas partes notan un sorprendente aumento en el número de estas "coincidencias" en sus vidas después de que empiezan a meditar. La meditación acelera el proceso por el cual los pensamientos se convierten en una realidad física, nos hace más conscientes de nuestros pensamientos y conforma nuestras vidas. Este fenómeno apunta directamente a la tendencia de nuestros pensamientos mentales para encontrar expresión en el mundo externo. ¿Cómo sucede esto?

Supongamos que surge un deseo en tu mente y se activa tu imaginación. Tu mente genera una imagen para ti del objeto deseado y tú te visualizas lográndolo. Estimulado por el poder de la onda de pensamiento, aplicas tu fuerza de voluntad y determinación a fin de materializar tu deseo. Esta fuerza que impulsa deseo, imaginación y fuerza de voluntad te permite transformar el pensamiento en realidad, aunque la mayoría de las veces este proceso es inconsciente, y eres sólo consciente de la sorpresa cuando tu deseo se materializa "milagrosamente".

Pero lo opuesto también sucede. Mucha gente que desarrolla poderes psíquicos a través de la práctica de técnicas de concentración eventualmente degenera, debido a que se engañan a sí mismos por su ego, o permiten que sus mentes se enfoquen en deseos egoístas.

En su juventud, el yogui Milarepa desarrolló un gran poder mental y lo empleó para vengar el mal causado a su familia. Posteriormente se dio cuenta de cómo había degenerado este poder y después de someterse a varias pruebas espirituales se volvió uno de los más grandes yoguis del

> Los yoguis a menudo advierten de los peligros de dirigir la mente hacia objetivos burdos o egoístas, particularmente cuando agregamos el poder de la concentración a nuestro pensamiento.

Tíbet, razón por la cual los yoguis a menudo advierten de los peligros de dirigir la mente hacia objetivos burdos o egoístas, particularmente cuando agregamos el poder de la concentración a nuestro pensamiento.

Más allá del pensamiento positivo

"La mente toma la forma de su objeto". Este viejo adagio de la psicología del yoga está en el corazón del fenómeno del pensamiento positivo.

Cuando viertes agua en un recipiente, ésta tomará su forma. Nuestra mente y sus pensamientos actúan de manera similar. Si piensas en un camello, una porción de tu mente toma la forma de un camello, o viceversa.

Todas y cada una de las expresiones del universo son de naturaleza vibratoria. Un pensamiento es una onda mental compuesta por energía psíquica. Debido a que es de naturaleza vibracional, esa onda mental tiene una longitud de onda particular. La longitud de onda de la imagen-pensamiento de un camello no será la misma que la del pensamiento de un vasto océano o la de un sentimiento de compasión.

Algunos pensamientos son de carácter sutil y otros no lo son tanto. Pensamientos sutiles o expansivos, como puedes sospechar, tienen una longitud de onda larga, uniforme, mientras que los burdos o mundanos tienen una longitud de onda mucho más corta, errática. Nuestra mente, como un todo, tiene la propia, que es el compuesto de todas las ondas activas en la mente en cualquier momento. Y mientras ésta está cambiando constantemente a medida que surgen diferentes ondas-pensamientos y caen en nuestro océano mental, nunca cambia radicalmente debido a que cada uno tenemos un estilo habitual de pensamiento: nuestra personalidad, que determina la naturaleza de las ondas de pensamiento individuales recurrentes.

¿Qué sucede cuando dos ondas interactúan? Hay un choque entre ellas y cada una es influida por la otra. Cuanto más fuertes sean las ondas, mayor será la influencia que ejercen y menos se verán afectadas. Cuando dos ondas son de carácter similar hay un choque menor: "vibran en simpatía". A nivel práctico esto lo experimentamos como una afinidad natural o desagrado por personas y cosas. Esta sensación depende del grado de vibraciones de simpatía entre nuestra longitud de onda mental y la del objeto que tocamos. Las buenas vibraciones llegan cuando experimentamos un paralelismo entre la longitud de onda de nuestra mente y la de la persona, objeto o ambiente con la que nos encontramos.

Ejercicio— ¿Qué es lo que realmente quieres?

En lo que piensas te conviertes.

— Proverbio yogui

Antes de leer la siguiente sección, por favor saca una pluma y papel. ¿Listo? Bien, ahora escribe la respuesta a cada pregunta antes de leer la siguiente.

Si la mente realmente toma la forma de su objeto, y tendemos a volvernos lo que pensamos, debemos ser cuidadosos con lo que pensamos. La meditación no es solo pensamiento ordinario; es pensamiento concentrado; amplifica los efectos de nuestros pensamientos, y cuando consideras cuánto tiempo dedicamos en meditación pensando una cosa, este concepto toma incluso una mayor importancia.

1. Si meditas durante una hora al día por el resto de tu vida, ¿cuánto es en total? Por supuesto nadie sabe cuánto va a vivir. Pero por cada 10 años más de vida estarás dedicando 3650 horas en concentrarte en una idea en un universo en donde los pensamientos tienden a volverse reales.

2. Así que, ¿en qué vas a pensar? Lo que sea, probablemente vas a obtenerlo, de manera tal que elige cuidadosamente. ¿Qué es lo que quieres más que otra cosa en el mundo? Deja a un lado este libro y escríbelo.

3. Si al reflexionar tu respuesta parece inadecuada, pregúntate esto: ¿Por qué quiero esto? ¿Es para obtener algo más? ¿Es por sí mismo un fin? Si es otra cosa, repite la pregunta. ¿Por qué quiero esto? Continúa repitiéndola hasta que hayas identificado el deseo fundamental tras todos tus otros deseos. Entonces puedes volver la página.

He hecho esta pregunta a cientos de grupos, y las respuestas continúan sorprendiéndome. Todas son iguales; todo el mundo desea lo mismo; y usualmente se expresa en una de tres palabras:

a) Amor.
b) Paz.
c) Felicidad.

4. Una pregunta más: ¿Cuánto de este amor, paz o felicidad deseas?

Déjame adivinar: ¿un poco? ¿Quieres que se detenga, se acabe? ¿Vas a extrañar el sentirte infeliz? ¿Quieres que tu alegría llegue con una fecha de vencimiento?

¿O quieres lo verdadero: una eternidad de bienaventuranza interminable?

Amor, paz, felicidad interminables. Esto es lo que todo mundo desea realmente. Todo lo demás que pensamos, o nos convencemos, que es importante, anhelamos o por lo que corremos, realmente es un medio para lograr este estado final, un estado mental en donde siempre sentimos perfecta felicidad, amor ilimitado, paz eterna.

> ¿Cuánto de este amor, paz o felicidad deseas?

¿Está esto empezando a sonar familiar? ¿No es esto lo que los grandes maestros espirituales a lo largo de la historia nos han dicho todo el tiempo que es el destino final de todo individuo? ¿*Nirvana, samadhi, satori, dicha celestial, iluminación, ananda*?

Por favor, no te imagines que todas estas enseñanzas espirituales esotéricas no tienen nada que ver con nuestras vidas. Nada podría estar más alejado de la verdad: el mensaje es para nosotros.

De manera que utiliza bien tus horas libres. Úsalas para pensar qué es lo que realmente deseas. Éste es el camino de la felicidad.

La Ideación del *mantra*

Un hombre no busca verse a sí mismo en el agua corriente, sino en aguas tranquilas. Porque sólo lo que está tranquilo puede dar tranquilidad a otros.

— Chuang-tse

La meditación espiritual puede llevarnos al dominio bienaventurado de nuestro ser más profundo, que es la meta de nuestra jornada por la vida. Si deseamos felicidad, dicha libertad, debemos meditar en lo que representa siempre estar con gozo, siempre feliz, siempre libre. Sólo hay un sitio para encontrar esto: nuestro interior. Nuestro objeto de meditación es la propia conciencia, la fuente infinita de todas las cosas.

Para que un *mantra* sea completamente efectivo, uno debe estar consciente de su significado. Aunque la simple repetición ayuda, el beneficio completo sólo puede llegar si comprendemos su significado: "soy conciencia" o "conciencia es todo lo que existe". Todos los *mantras* para la meditación tienen un significado similar, uno que permite sostener el concepto de conciencia pura en nuestras mentes como el objeto de nuestra meditación. Junto con esta conciencia pura viene un sentimiento. Para algunos, 'conciencia' es un concepto demasiado abstracto, no tiene un significado claro. Piénsalo como un océano infinito de amor, paz o felicidad, dicha o Dios, cualquiera que resuene más con nuestra experiencia. A medida que avanza nuestra meditación, encontraremos que realmente no hay mucha diferencia. El océano de conciencia es un océano de bienaventuranza, amor y paz, es lo divino en nuestro interior, y la esencia del sentimiento interno es lo que estamos disolviendo en él, volviéndonos uno con todo ello. Las aguas del *yo* inundan las fronteras de nuestro ego.

> Si deseamos felicidad, si deseamos dicha, si deseamos libertad, debemos meditar en lo que es siempre estar con gozo, siempre feliz, siempre libre.

Es este sentimiento el que nos lleva de regreso una y otra vez a la meditación. Sentimos como si hubiéramos regresado a casa, y nuestra casa estuviera en el corazón mismo de nuestro propio ser. Incluso una mirada fugaz a la luz de la conciencia que brilla en nuestro interior es suficiente para convencernos de su realidad y llenarnos con un anhelo para completar nuestro viaje.

Prueba esto

- Ahora que tienes cierta idea de cómo funciona un *mantra*, deberías ser capaz de apreciar y disfrutar plenamente las grabaciones de meditación guiadas incluidas con el libro. Si eres como yo, probablemente te has adelantado y ya las has escuchado. No hay problema, pero si no, ahora es el momento.
- Encuentra un lugar tranquilo para meditar, reproduce la primera meditación guiada y sigue las instrucciones. La mayoría de la gente encuentra esto absolutamente agradable, pero si no lo encuentras inmediatamente, no te preocupes, vendrá con la práctica.

- Ahora que has llegado hasta aquí puedes estar listo para empezar a meditar todos los días. Dos veces al día si deseas. Usa la primera grabación para meditar por la mañana y la segunda para hacerlo por la tarde. Lee las recomendaciones para meditar en los apéndices - son de mucha ayuda.

Es engañoso pensar que eres un ser físico con experiencia espiritual. Por el contrario, toma la visión de que eres un ser espiritual que tiene una experiencia mundana.
— Teilhard de Chardin

Capítulo seis

Ego e intuición

El cosmos es un caos de ruidosa confusión. Todo en él está sujeto a un bombardeo constante por millones de conflictivas ondas de sonido y electromagnéticas. La vida se protege a sí misma de este caos al utilizar órganos sensoriales, que son como pequeñas ranuras, que permiten sólo la entrada a un intervalo muy limitado de frecuencias. Pero en ocasiones, incluso éstas son demasiado, así que existe la barrera adicional del sistema nervioso, que filtra la entrada y clasifica la información útil y el ruido irrelevante. Todos tenemos esa capacidad de enfocarnos en ciertos estímulos e ignorar otros. Un buen ejemplo es la 'concentración de fiesta de cóctel', que nos permite ajustar el sonido único de la voz de una persona entre tantas diciendo cosas similares. Los organismos vivos seleccionan información de sus entornos, la procesan de acuerdo con un programa (en este caso uno que asegure la mejor posibilidad de supervivencia) y suministran una salida del orden (que a su vez es una fuente de materias primas e información para otra vida).

— De *Supernature,* por Lyall Watson

De acuerdo con la psicología occidental así como con la psicología del yoga, la mente está compuesta por varias capas. La mayoría de la gente está familiarizada con el análisis occidental moderno de la mente compuesta de tres capas: consciente, subconsciente e inconsciente. La psicología del yoga va una etapa más allá y subdivide la mente en cinco capas: las primeras dos corresponden, aproximadamente, a las mentes consciente y subconsciente de la psicología occidental; las tres capas restantes son secciones del inconsciente o mente superconsciente e incluyen lo que Jung denomina el *inconsciente colectivo.*

Ambos modelos psicológicos teorizan que las capas exteriores de la mente son principalmente responsables por nuestras interacciones con la realidad física o externa, mientras que las capas interiores están primordialmente involucradas con las realidades internas más sutiles.

La psicología del yoga considera al cuerpo físico con su sistema nervioso central como la capa más externa de la mente, es aquí donde se procesa la información relacionada con nuestra supervivencia y donde se almacena o se expresa gran parte de nuestro condicionamiento.

Los patrones creados por experiencias pasadas se imprimen en nuestro sistema nervioso; muchas de nuestras respuestas a estímulos externos se determinan por los patrones allí codificados.

El controlador de nuestras acciones físicas conscientes es el *ego*, que en latín significa 'yo'. Es el *ego*, lo que ordinariamente pensamos cómo "uno mismo". La división occidental de la mente en *Id, ego y superego* esencialmente se refiere a sus funciones del ego. El *ego* procesa la información recibida por los sentidos y traduce nuestros pensamientos en acciones. Aunque los seres humanos tienen instintos como todos los otros organismos vivos, la mayor parte de nuestra actividad está controlada y dirigida por el *ego*. Sin él todos moriríamos; es la fuente de nuestra inteligencia y nos impulsa a actuar para sobrevivir. De acuerdo con la psicología del yoga, la cualidad fundamental que lo sostiene es el sentido de actividad. *Ego* es la sensación de "estoy haciendo" o "soy quien hace". Puede hacerte sentir tan involucrado en una actividad que no sientes ninguna distinción clara entre tu sentido de *yo* y tu acción: "Voy a la tienda, voy a comer, me siento feliz, me siento triste".

Primordialmente es de la capacidad de activación del ego de lo que depende el proceso de actividad física. También de esta capacidad de activación (radiante) de una persona es de lo que depende su personalidad. Cuanto más desarrollada está la energía radiante, más brillo tendrá la personalidad.
— Shrii Shrii Anandamurti

Nuestro ego tiene sus limitaciones y sus regalos especiales. Claramente juega un papel indispensable en la vida de un ser humano. Sin el ego no podemos funcionar en el mundo, lo necesitamos para ir a trabajar por la mañana y regresar a casa por la noche. ¡Alguien tiene que manejar el auto y prestar atención a los semáforos! Con la capacidad del ego para el pensamiento racional y los vuelos de la imaginación, junto con su determinación y fuerza de voluntad, puede actuar en el mundo y alcanzar sus deseos. Cuanto más claro piensa, mayor es su poder imaginativo y más poderosa es su fuerza de voluntad, y somos más capaces de cumplir con control sucinto en nuestras vidas. Toda historia de éxito contiene un ego desarrollado, fuerte. Al igual que necesitamos reforzar nuestros cuerpos con dieta y ejercicio, necesitamos fortificar este ego que maneja todos los aspectos mundanos de nuestra existencia y nos permite lograr aquello por lo que luchamos en el mundo.

> La meditación no significa descuidar nuestros cuerpos o negar nuestro ego. Por el contrario, su propósito es desarrollar y reforzar todas las capas de nuestra mente.

La meditación no significa descuidar nuestros cuerpos o negar nuestro ego. Por el contrario, su propósito es desarrollar y reforzar todas las capas de nuestra mente. Mientras más fuerte sean las diversas capas, más fácil será para nosotros cruzar las fronteras de la falsa personalidad para alcanzar la grandiosidad de nuestro ser.

> El ego sólo es la porción visible del iceberg que es el ser y permanecer ajenos a la parte más grande, sumergida, es tan peligroso para nosotros como lo fue para el Titanic y su malograda travesía por el Atlántico.

La meditación regular refuerza nuestro ego al construir la capacidad para controlar nuestra mente y dirigirla hacia una meta. A medida que la desarrollamos, sentimos sus efectos en todas las áreas de nuestra vida, somos capaces de enfocarnos más claramente en nuestras metas y alcanzarlas con mayor determinación y fuerza mental.

Los meditadores experimentados comparten la sensación de que todo es alcanzable con un enfoque mental correcto.

El ego sólo es la porción visible del iceberg que es el *ser* y *permanecer* ajenos a la parte más grande, sumergida, es tan peligroso para nosotros como lo fue para el Titanic y su malograda travesía por el Atlántico.

Al egoísta Él le dice, no eres más que una pequeña chispa, y aun así te alabas tanto a ti mismo. Yo poseo todo el universo pero permanezco silencioso en el fondo.

— Paramahansa Yogananda

¿Cómo puede el ego atraparnos? Contemos las formas.

Programación defectuosa

La vida es un paquete de malentendidos.
— Avt. Ananda Bharati Ac.

Nuestra interpretación de lo que nos sucede en la vida diaria, en general se determina más por nuestra perspectiva que por los eventos actuales. Los físicos nos dicen que lo que está "realmente" sucediendo en el mundo físico: un grupo de partículas subatómicas que no son más que formas de onda o energía dentro del tejido misterioso del espacio-tiempo. Sin embargo, nosotros no vemos nada de esto y nuestra experiencia de la realidad varía enormemente de acuerdo con nuestra lengua materna, nuestro marco conceptual, nuestra educación, nuestros prejuicios y nuestros condicionamientos. Son los lentes de color a través de los cuales vemos esta danza arremolinada de partículas atómicas.

Si queremos entender algo, o incluso sobrevivir, requerimos estos lentes para proteger nuestros ojos y permitirnos interpretar lo que vemos. Todos los días somos bombardeados por miles de diferentes experiencias e impresiones. A menudo necesitamos tomar decisiones inmediatas. El tiempo es corto, de manera tal que cada uno construye sus propios bancos de datos de prejuicios que nos permiten realizar una respuesta instantánea ante la demanda. Estos, con base en experiencias pasadas, nos son transferidos directamente por nuestra familia, amigos e instituciones sociales. Conforman nuestra personalidad y condicionan la forma en que reaccionamos ante nuestro ambiente, pero en ocasiones la programación sale mal. Si hay una alimentación defectuosa en un extremo podemos malinterpretar la realidad.

He aquí una historia de mi amigo Declan:

Un niño de 13 años de edad, Ramesh, vino a vivir conmigo en nuestro centro de meditación en Auckland, Nueva Zelanda. Ramesh era mitad maori y era muy valiente e inteligente. Una mañana yo estaba ocupado planeando las actividades del día con mis colegas y preparando algunos papeles para una cita que tendría más tarde. Cuando llegó la hora de salir, levanté el teléfono para hacer algunas llamadas urgentes, pero Ramesh estaba usándolo. Debí haber levantado el receptor una docena de veces en pocos minutos pero él todavía estaba en la línea. Su hermano pequeño estaba de visita y estoy seguro que estaban planeando algo juntos.

- Jóvenes suelten el teléfono -grité. -¡Necesito hacer algunas llamadas antes de salir!

-No podemos, esto es importante, -me gritó Ramesh.

-¿Qué es aquello tan importante? -Pregunté.

-No puedo decirte, -fue la respuesta.

-Está bien, obviamente estarán tras de algún enredo otra vez, -dije impaciente.

Finalmente insistí en que colgaran para que pudiera hacer mis llamadas y salir. Mientras manejaba con la radio encendida empecé a pensar con rabia: "La gente joven es muy egoísta. Uno trata de ayudarles de la mejor manera y ¿qué obtienes? ¡Nada más que problemas!".

Justo en ese momento mi canción favorita empezó a sonar en la radio, una balada encantadora de la cantante irlandesa Mary Black. Sentí que mi rabia se diluía mientras escuchaba el sonido cautivante de su voz. Recordé haberle dicho a Ramesh que era mi canción favorita y ahora, debido a que mi estado de ánimo había cambiado, me sentí apenado por la forma en la que estaba pensando respecto a él, quien era, después de todo, sólo un niño. Era normal que estuviera lleno de energía y listo para meterse en enredos.

La canción terminó y el DJ anunció: "ese fue un pedido especial para Declan de Ramesh". ¡Los jóvenes habían estado llamando a la estación de radio para pedir que pusieran una canción para mí!

El siguiente incidente ocurrió en Irlanda, según los informes.

Un hombre trabajaba en la oficina de correo separando las cartas de navidad. Una carta llegó dirigida a Santa en el Polo Norte. La abrió y leyó:

Querido Santa:

Soy una viuda con un hijo de siete años, vivo de una pensión y no puedo comprarle el regalo que quiere para Navidad, necesito otras 25 libras. Por favor, envíalas pronto. Santa, confío mucho en ti.

Atentamente
Sra. Mary Aherne
10a McDougal Grove,
MacBride
Condado de Cork

El hombre estaba tan conmovido con la carta que organizó una colecta utilizando un sombrero y recogió quince libras que mandó a la mujer a nombre de "Santa". Unas cuantas semanas después recibió otra carta para Santa de la misma señora:

Querido Santa:

Recibí tu carta con el dinero en el interior. Siento decirte esto pero como te mencioné antes, ese regalo en el que mi hijo había puesto el corazón cuesta 25 libras, desafortunadamente sólo recibí quince libras en tu carta, pero bueno, tú sabes cómo son en las oficinas del correo.

Atentamente,
Sra. Mary Aherne

Una vez Gurdjieff dijo que antes de que alguien pueda escaparse de una jaula, primero debe darse cuenta de que está en una jaula. Hasta que no identifiquemos nuestros prejuicios, condicionamientos y preconcepciones, éstos serán las paredes de una prisión que no podremos ver. Nos quedamos atascados en formas de ver y de tratar con el mundo que a menudo nos acarrean sólo miseria, a nosotros y a otros. Antes de que podamos liberarnos, debemos reconocer las paredes de esa prisión.

> **Antes de que alguien pueda escaparse de una jaula, primero debe darse cuenta de que está en una jaula.**

La meditación ayuda en este proceso. A medida que desarrollamos nuestra conciencia de las preconcepciones que distorsionan nuestra perspectiva, también nos volvemos capaces de ver lo que es importante y lo que no lo es. Entonces podemos mantener lo mejor y descartar el resto.

Fuera de curso

Parece que en la sociedad moderna tratamos de vivir nuestras vidas de atrás hacia adelante. Nos anima a poseer cosas, a hacer más de las cosas que nos gustan para ser más felices. Pero de hecho funciona mejor al revés. Primero tienes que encontrar quién eres, entonces sabrás qué necesitas hacer y tendrás una idea más clara de lo que realmente quieres.

Esta aproximación de atrás hacia adelante para la felicidad es impuesta por los ricos y poderosos en toda la sociedad, ya sea a través de coerción o a través de un sistema de incentivos.

Al principio de la revolución industrial en Europa y América, y aún en el mundo actual en desarrollo, la gente trabajaba largas jornadas en tareas físicamente exigentes. Las condiciones de vida de los mineros de carbón y los trabajadores de fábricas eran sólo ligeramente mejores que las de las mulas que trabajaban a su lado. Sus cuerpos físicos no podían aguantar la presión de esta labor tan ardua y la enfermedad y las tasas de mortalidad aumentaron dramáticamente.

En el mundo moderno de los negocios la gente gasta grandes cantidades de energía mental en la carrera por llevar la delantera y tener éxito. La gran demanda de trabajo mental intenso para alcanzar las metas de los negocios modernos agota la mente y el sistema nervioso, lo que da como resultado muchas víctimas. Por cada personaje famoso con éxito que mantenga su ritmo, hay cientos que fallan. A través de las filas de los ejecutivos hábilmente ataviados que exudan una falsa confianza en sí mismos, se mueve una epidemia de enfermedades relacionadas con la tensión, crisis nerviosas, alcoholismo, rupturas familiares y sueños destruidos. Para muchas de estas personas su vida se ha convertido en una jaula dorada, sus egos uncidos como "bueyes a las ruedas para la molienda del comercio" se esfuerzan por hacer frente, pero las presiones de la vida moderna les dejan sin tiempo para encargarse de sus necesidades emocionales y espirituales. Y

> **Primero tienes que encontrar quién eres; entonces sabrás qué necesitas hacer y tendrás una idea más clara de lo que realmente quieres.**

sólo estamos discutiendo la condición de la elite "afortunada" de este sistema moderno.

> *Pobre esclavo*
> *Quitaron los grilletes de tu cuerpo*
> *Y pusieron los grilletes en tu mente.*
> — Canción tradicional de los días de los esclavos negros en América

Nuestra fuerza de voluntad, la energía interior para manifestar nuestros sueños en forma física, tiene enorme potencial, como nuestros cuerpos y nuestra fuerza de voluntad. Si se emplea sabiamente, nos ayuda a progresar en todos los aspectos de nuestra vida. Sin embargo, cuando ejercemos en exceso nuestra voluntad las cosas pueden empezar a desmoronarse. De ser extremadamente dinámicos podemos volvernos profundamente letárgicos.

Un contador público altamente calificado administraba una institución con más de 2000 empleados. Perdió su trabajo y debido a su avanzada edad no pudo encontrar una posición similar que correspondiera a sus altas calificaciones. Este hombre dinámico, encantador e inteligente, repentinamente se sintió inútil y sin dirección y tuvo que forzarse a mantenerse activo. Nuestra vida emocional requiere energía; nuestra vida espiritual requiere energía y poder radiante. Tu cuerpo puede mantener tu espíritu y tu mente firmemente plantados en el suelo. Tu fuerza de voluntad tiene la capacidad para hacer que la tierra sea un cielo para ti, pero si tu ego está atado al yugo de la sociedad materialista moderna, tu espíritu no irá a ninguna parte excepto al banco, al psiquiatra o la funeraria.

La vida moderna impone demasiadas demandas en el ego, y todo nuestro ser sufre por ello. El ego, que controla el cuerpo y manifiesta nuestros deseos, recibe cada vez más presión para desempeñarse y hacer que las cosas sucedan o para producir cosas en las que sentarse, conducir a la oficina, comer, beber o vestir.

Pero como el cuerpo, el ego también se cansa del trabajo excesivo, colapsa y surge la frustración. Aún peor, se nos dice que nuestro ego es todo lo que hay y lo creemos. Pensamos que no hay escape de la frustración. La sociedad nos ha dejado "trabajar arduamente al volante", porque nos hace creer que eso es todo en la vida.

Es sólo a partir del final del siglo XIX que la psicología moderna, con sus métodos inductivos, descubrió los fundamentos de la conciencia y probó empíricamente la existencia de una psiquis fuera de ésta. Con este descubrimiento, la posición del ego, hasta ese momento absoluta, se volvió relativa; es decir, aunque

mantiene su calidad de centro en el campo de la consciencia, es cuestionable si es el centro de la personalidad. Es parte de la personalidad pero no toda.
— Carl Gustav Jung

Yo lo hice

¿Cuántas veces nos presionamos para alcanzar algo simplemente para impresionar a otras personas? La satisfacción emocional que obtenemos de sentir que somos "alguien" ante la vista de otros a menudo es más importante para nosotros que el propio logro, mas cuando el respeto a nosotros mismos depende de las opiniones de otras personas, se vuelve una trampa tan dura como una jaula de acero.

Díganme cómo obtiene respeto una persona y les diré quién es.
— Dale Carnegie

El hombre inteligente que está orgulloso de su inteligencia es como un hombre condenado orgulloso de su gran celda.
— Simone Weil

De todos nuestros viajes, el único con el menor prospecto de un final feliz es el "viaje del ego". Todo mundo trata de pretender, de ponerse una máscara para impresionar a todos los demás, como si todos fuéramos participantes de un baile de máscaras. ¡Sin embargo, la misma gente que estamos intentando impresionar está ocupada intentando impresionarnos! Al final, nadie es engañado, nadie es impresionado y nos quedamos solos sosteniendo una máscara vacía pegada a un palo.

Cada uno de nosotros es único y especial, pero la verdadera belleza y singularidad no radica en las trampas del ego. Lo que es duradero y de mayor valor en nuestra vida se encuentra más allá de la mente consciente. Esto es realmente lo único que todos compartimos, pero pocos entendemos.

> **De todos nuestros viajes, el único con el menor prospecto de un final feliz es el "viaje del ego".**

Más allá de la mente consciente

Soy demasiado viejo y perezoso para escribir poemas.
La edad parece ser ahora mi única aliada fiel.
En alguna vida hace tiempo yo era (desafortunadamente) un poeta.

EGO E INTUICIÓN

Quizá era un pintor (o algún tipo de pintor) también.
Como es la costumbre, el mundo me recuerda
por este o aquel movimiento de mi mano.
Mi nombre es conocido porque esta mano se mueve así.
Pero mi verdadero yo, ¡ah!
Eso no lo pueden alcanzar.

— Wang Wei

El ego está restringido al reino de "hacer y tener", en donde 'tener' es sólo otra forma de 'hacer'. La gente queda atrapada en esta sensación continua de hacer y nunca se da cuenta que la mayor parte de ellos mismos se encuentra más allá del ego, más allá de la sensación de "hacer y tener".

*Paradójicamente, el propósito de la meditación es simplemente aprender a 'ser'. Como prácticamente todo lo que hacemos en la vida se hace con una meta en la mente, la mayoría de nuestras acciones son sólo el medio hacia un fin que nos dirige continuamente hacia un futuro que no existe. Pero la meditación, cuando no la perturba ninguna meta, nos permite descubrir la riqueza y profundidad del momento presente. Empezamos a entender el milagroso poder de nuestra propia vida, no cómo será o cómo imaginamos que fue alguna vez en una época dorada en el pasado, sino cómo es actualmente. La meditación es una de las pocas cosas en la vida que no tiene que ver con el **HACER** sino con el **SER**.*

— Rick Fields

Mucha gente ha vislumbrado un sentido puro de conciencia, un sentido de pura existencia. Puede haber sido durante un momento tranquilo en la playa o al escuchar una bella pieza de música. Estas experiencias vienen cuando nuestras mentes sueltan momentáneamente nuestras agendas y motivos, nuestras preocupaciones y deseos. Cuando esto sucede, la mayoría de nosotros realmente no sabe cómo llegamos ahí, pero por un momento todo es y se ve perfecto.

Hace algunos años estaba yo en Ananda Nagar, una comunidad espiritual en la India. Caminando solo una tarde por un sendero a través de los campos, me encontré lleno de un sentido de la paz más perfecta imaginable. Parecía que no había necesidad por preocuparse por nada de nuevo, no deseaba nada; nunca me sentí más contento. Esta sensación sublime permaneció, en cierto grado, por varias horas. No sé por qué llegó, no sé por qué se fue.

Es importante recordar que este tipo de experiencia no debe confundirse con la iluminación o autorrealización. Estas experiencias pueden ser profundas y significativas, pero sólo son vistazos de la realidad espiritual y pueden ocurrir tanto al inicio del camino espiritual como a su final. Mientras haya cualquier sensación de ego a de cualquier sentido de separación de la *Conciencia Cósmica*, todavía tendremos camino que recorrer.

El ego es la parte de la mente que nos impide disfrutar este nivel sublime de conciencia como nuestro estado natural. El movimiento constante del pensamiento, el incesante ir y venir, actúa como un velo entre nosotros y esta conciencia jubilosa y tranquila. Si el velo es lo suficientemente grueso, si nuestra identificación con el ego es completa, ni siquiera nos daremos cuenta de que hay algo más, un estado mental más profundo y satisfactorio que cualquier otra cosa que hayamos experimentado. Así es como el ego se vuelve nuestra prisión, con barras entre nosotros y nuestra experiencia de nuestro *yo* interior.

Un hombre estaba interesado en el *budismo zen*. Estudió filosofía algunos años y se acercó a un famoso maestro *zen* buscando instrucción. Empezó a decirle al maestro todo lo que sabía respecto a la filosofía y lo que él entendía como el significado de la existencia. Después de hablar por algún tiempo, hizo una pausa para respirar. El maestro dijo "¿Te apetece una taza de té?".

El aspirante se sorprendió, ya que esperaba que el maestro respondiera a su exposición filosófica erudita con algunas palabras sabias. Por cortesía respondió, "sí, gracias".

El maestro procedió a preparar y vaciar el té en silencio, y el aspirante continuó hablando respecto a todo lo que sabía hasta que notó que el maestro continuaba vaciando el té en su taza después de que estaba llena y rebosaba. Después, el té caliente se derramó por la mesa en su regazo. Saltó con una exclamación "¡Cómo puede ser tan descuidado! ¡Todavía está vaciando té cuando no hay más espacio en la taza!".

El maestro sonrió. "Es correcto, no hay más espacio. Tu taza está llena".

El descubrimiento tiene lugar, no cuando la mente está llena de conocimiento, sino cuando el conocimiento está ausente; solo entonces hay quietud y espacio, y es en este estado cuando surge el entendimiento o el descubrimiento. El conocimiento sin duda es útil a un nivel, pero en otro es positivamente dañino.

— Krishnamurti

Para recibir sabiduría tenemos que olvidar todo lo que creemos saber. Tenemos que volver a descubrir lo que los budistas zen denominan "mente de principiante". Antes de que pueda agregarse más agua, aprendemos cómo vaciar nuestra taza. Dejamos ir las cosas que hacemos como hábito, las cosas que creemos que sabemos, las creencias y juicios que tenemos y entramos en el *yo*, la raíz de todas estas expresiones del ego.

La parte de nosotros que está más allá del ámbito de hacer y poseer existe en nuestro puro sentido de existencia, en el sentimiento de *yo*. Todos conocemos la experiencia de "estoy lavando la ropa". Lo que falta es la parte de nosotros que está detrás del hacer. El "estoy haciendo" es siempre cambiante. "Yo estoy feliz" se vuelve en "estoy triste" y "estoy triste" decide levantarse del sillón y sacar la ropa. Pero el *yo* que experimenta estas diversas condiciones es constante. El mismo sentido de existencia se encuentra oculto en la raíz de cualquiera de las pequeñas acciones que se ensartan en conjunto para constituir el continuo de nuestra vida. Es la constante en nuestra vida.

Este sentimiento también es el continuo entre todos los individuos: la única cosa que todos compartimos. ¿Recuerdas las muchas lunas reflejadas en las huellas de la vaca? Nuestro sentimiento de *yo* individual es sólo un reflejo en miniatura de la Conciencia Universal o *Paramatman*: el Alma Suprema, o Dios.

La meditación nos muestra cómo llegar a ese *yo* al entrenarnos a ir más allá de toda actividad mental que nos mantiene lejos de ello. Todos hemos experimentado estar atrapados en una situación o una emoción y súbitamente, por un momento fugaz, mentalmente retrocedemos y nos vemos a nosotros mismos como podríamos observar a un pez atrapado en una red. Pero el momento pasa debido a que no hemos aprendido a romper los vínculos de nuestra identificación con quien realiza la acción, o nuestro sentido de ego.

Sólo podemos liberar esa cadena de identificación cuando apaciguamos las actividades del ego y entramos a un estado de quietud en donde no hay sitio para él. El ego tiene un temor natural de su propia disolución. Tememos que si dejamos de estar tan ocupados haciendo o teniendo, dejaremos de ser. Pero es lo contrario. Es sólo cuando el ego se retira por un tiempo, cuando dejamos de identificarnos con nuestras acciones, logros y posesiones, cuando nos volvemos completamente conscientes de nuestra propia existencia.

Descartes basó su famosa prueba de la existencia en la afirmación "pienso, luego existo", y este concepto radica en el corazón de la visión occidental de la vida. Esta visión limitada falla en reconocer la presencia de un ser más profundo detrás del pensamiento. Es posible darnos cuenta con la meditación que no somos nuestros pensamientos. Nuestro verdadero ser es la conciencia sin cambio de la existencia situada en el núcleo de nuestro ser.

Intuición

> *Debes fusionar el sentimiento de 'yo hago' con tu sentimiento de 'yo' existencial. Ésta es la forma en la que los seres humanos se establecen en el reino de la intuición.*
> — Shrii Shrii Anandamurti

La *intuición* es el nombre que damos a esas facultades de la mente que se encuentran más allá del dominio del ego, fuera del reino de aquello que consideramos como las mentes consciente y subconsciente. Cuando una percepción o fragmento de información se sale del nivel de conciencia trascendental pura y entra en nuestra consciencia despierta, nos encontramos confrontados con el conocimiento y las experiencias de las que la mente racional no puede dar cuenta.

A los 16 años soñé que mi mejor amigo, que vivía a 500 millas de mí, había tenido un accidente automovilístico en cierta calle. Al día siguiente supe que él había tenido, en efecto, un accidente precisamente en ese lugar.

Probablemente has experimentado el saber lo que alguien iba a decir justo antes de decirlo o el saber quién llama antes de descolgar el teléfono. Probablemente tú y un amigo han encontrado que ambos estaban tarareando la misma canción en sus cabezas o que pudieran estar atormentando sus cerebros al tratar de resolver un problema difícil, sólo para encontrar que la solución te llegaba en un destello súbito poco tiempo después.

> La *intuición* es el nombre que damos a esas facultades de la mente que se encuentran más allá del dominio del ego, fuera del reino de aquello que consideramos como las mentes consciente y subconsciente.

EGO E INTUICIÓN

Todas estas son pequeñas instancias de lo que llamamos intuición, chispas de conocimiento que no pueden ser explicadas en forma lógica por una estrecha visión del mundo atada a nuestro ego. A través de la historia, los místicos de diversas culturas y educación cuentan experiencias de una extraña comunión con una misteriosa inteligencia ilimitada que permea toda la existencia, una *Conciencia Infinita* de la que todos somos parte, seamos o no conscientes de ello. Sus explicaciones proporcionan un registro de posibilidades de la experiencia humana que no puede ignorarse.

> *Cualquiera que sea el lugar o el periodo en el que han aparecido, sus propósitos, doctrinas y métodos, han sido sustancialmente los mismos. Sus experiencias, por lo tanto, forman un cuerpo de evidencias curiosamente consistentes, y, a menudo, mutuamente explicativas que deben tomarse en cuenta antes de que podamos agregar la suma de las energías y potencialidades del espíritu humano, o especular razonablemente sobre esta relación con el mundo desconocido que se encuentra más allá de los límites de los sentidos.*
>
> — Evelyn Underhill

Una de las experiencias comunes a todos esos exploradores del espacio interior es que toda la vida está interconectada, porque toda la vida es parte de la misma conciencia que es el sustrato de la existencia. La conciencia es una, ellos insisten, pero fallamos en experimentarlo porque estamos ciegos a las experiencias más profundas de la existencia debido a los velos de nuestro ego. Aun así, si miramos a nuestro alrededor, encontramos que los ejemplos de la interconexión de la vida están en todas partes. En su popular libro *Supernature*, Lyall Watson describe un experimento horrible realizado en Rusia en la década de 1960:

Investigadores llevaron conejos recién nacidos a las profundidades del mar en un submarino y mantuvieron a la madre en la costa con electrodos implantados en el cerebro. A intervalos, mataron uno a uno a los conejos en el submarino; en el preciso momento en que cada uno de sus pequeños moría, había una aguda respuesta eléctrica en las ondas cerebrales de la madre. No hay ninguna forma física conocida por medio de la cual un submarino sumergido se pueda comunicar con alguien que esté en tierra firme y aun así parece que los conejos pueden hacer contacto en momentos de crisis.

Por muchos años los naturalistas fueron incapaces de entender cómo todos los pájaros que volaban en formación podían cambiar repentinamente de dirección todos juntos. Después de analizar muchas horas de película no pudieron encontrar un solo ejemplo en que una de las aves se moviera primero. Los pájaros cambiaron la dirección exactamente al mismo tiempo sin explicación científica plausible de cómo se comunicaban sus intenciones uno a otro.

El científico de Cambridge, Dr. Rupert Sheldrake, escribe en *Seven Experiments that will Change the World* acerca de un perro que fue filmado mientras iba a esperar en la puerta a su dueña cuando ella volvía a su casa desde un lugar lejos de la residencia en un momento no programado. Estos experimentos se repitieron en numerosas ocasiones, probando efectivamente la existencia de una cierta comunicación extrasensorial entre los perros y los humanos.

Numerosos ejemplos de esta comunicación telepática existen entre otras especies. Los seres humanos no son la excepción. Curiosamente, la telepatía es mucho más común entre personas indígenas que entre personas que viven un estilo de vida más moderno. Probablemente esto sugiere que el intelecto dominante y con exceso de trabajo y el ego asociado a las personas modernas construye una barrera entre nosotros y nuestra intuición.

> La telepatía es mucho más común entre personas indígenas que entre personas que viven un estilo de vida más moderno.

C. G. Jung es el pensador occidental más reconocido por haber explorado las realidades psíquicas sutiles y aquellas misteriosas áreas de la conciencia que están más allá del ego. Entre muchos de esos descubrimientos estaba la existencia de lo que llamó el *inconsciente colectivo*, un gran almacén transpersonal de conocimiento común a todos nosotros. Él declaró que mientras sus pacientes dibujaban imágenes de sus sueños, entraban en la experiencia pasada de la humanidad a través del dibujo de símbolos de otros tiempos y culturas, símbolos con los que ellos no podrían haber estado en contacto de ninguna manera en su vida personal. Halló en estos símbolos la manera de describir los profundos elementos que trascienden lo personal de nuestra existencia física en el lenguaje de la mente consciente.

> *Un símbolo es un signo mitológico que tiene una pata aquí y la otra en el infinito. Señala hacia lo trascendental.*
> — C. G. Jung

> El ego tiene su lugar, que es el de un criado fiel listo para cumplir las órdenes de su amo: la *Conciencia*.

Desarrollando la intuición

¿Cómo desarrollamos esta intuición? ¿Cómo podemos tener acceso a las vastas extensiones de la mente que yacen ocultas detrás de las actividades incansables del ego? El secreto está en nuestro sentimiento de *yo*, nuestro sentimiento puro de existencia. La próxima vez que te encuentres a ti mismo atrapado en una situación, retrocede un paso por un momento y entra en contacto con el *yo* que toma parte en el drama. "Estoy tan enojado" "tengo que acabar esto a tiempo" Enfócate en el *yo* en su lugar. Obsérvalo como si fueras un espectador y no un actor en la escena. No es fácil, pero todos tenemos la capacidad de hacerlo una vez que podemos desviar nuestra atención del drama.

El momento en el que pensamos en nuestro *yo* y hacemos el esfuerzo por concentrar nuestra atención ahí, hemos empezado a dar un paso atrás en la plena conciencia, la conciencia de nuestro ser. Tu *yo* interior está en el centro de todo lo que haces, sólo tienes que prestar atención para empezar a identificarte con quién realmente eres y no con todos las idas y venidas de este mundo físico relativo. El problema empieza cuando el ego se entromete y demanda toda nuestra atención.

El ego tiene su lugar, que es el de un criado fiel listo para cumplir las órdenes de su amo, la Conciencia. Pero él no sabe su sitio, insiste en ser el centro de atención como un niño malcriado, y al igual que un niño, debemos tratarlo firmemente, pero con amor. Debemos enseñarle cómo comportarse. Ahí es donde entra la meditación, que está ahí para enseñar al ego cómo comportarse y para ayudarnos a comprender quiénes somos realmente. Cuando nos sentamos a meditar, el ego todavía está activo. Tenemos pensamientos, deseos y preocupaciones. Pero durante la meditación entrenamos a nuestra mente para concentrar nuestro conocimiento en la conciencia pura que es la fuente de la cual surgen todos estos pensamientos. Cuando redirigimos nuestra mente hacia el

> Los pensamientos se convierten en el fondo; el sitio tranquilo en el centro se convierte en el primer plano, el sitio desde donde nos sentamos y observamos. Gradualmente, estos pensamientos se calman como la espuma de una ola que se aleja.

interior, nos damos cuenta de los pensamientos que nos alejan de nuestro objeto de concentración.

Vemos la mente en acción, los complejos, ansiedades, deseos y la loca carrera del ego hacia su plenitud en el mundo físico, pero debido a que estamos meditando en la conciencia nos volvemos cada vez más conscientes de nosotros mismos como un espectador.

Los pensamientos se convierten en el fondo; el sitio tranquilo en el centro se convierte en el primer plano, el sitio desde donde nos sentamos y observamos. Gradualmente, estos pensamientos se calman como la espuma de una ola que se aleja. La alegría inexorable de esa conciencia en calma nos empuja cada vez más profundamente al interior hasta que todo lo que encontramos es océano, el océano del *yo*, el océano de nuestro ser más profundo. Cuando salimos de la meditación retenemos esa experiencia.

Mis estudiantes de meditación en ocasiones se quejan de que la meditación es demasiado simple. Debe haber algo más, dicen. Quieren más en que pensar, visualizar, sentir. Es muy difícil tratar de pensar sólo en una cosa. ¡Eso es exactamente el punto y la belleza de ello! Es simple y difícil al mismo tiempo. Pensar y visualizar son funciones familiares para la mente. Las utilizamos como trampolines en el proceso de nuestra meditación pero eventualmente tenemos que dejarlas a un lado para aventurarnos en lo desconocido. Nuestro deber es dejar de pensar y empezar a ser. La meditación le da a la mente un mínimo de ideas en las cuales concentrarse como los escalones que la conducirán al estado de la conciencia pura.

Prueba esto

- Encuentra un sitio tranquilo para meditar. Colócate ahí, cierra los ojos y observa tu respiración por un rato. Ahora, mentalmente hazte la pregunta: ¿quién soy yo? Haz una pausa por un rato y pregúntatelo de nuevo. ¿Quién soy yo? Continúa haciéndolo por 10 minutos.
- Anota tus observaciones en tu registro.
- Este ejercicio no es un sustituto para la meditación con *mantra* una o dos veces al día. El propósito de este ejercicio, el cual te sugiero que pruebes al menos dos o tres veces, es ayudarte para que desarrolles un sentimiento más profundo de tu conciencia interior.

Le digo a mi alma, aquiétate,
Y deja que la oscuridad caiga sobre ti
será la oscuridad de Dios.
Como en un teatro,
Las luces se extinguen,
Para que la escena cambie
Con un sepulcral retumbar de alas,
Con un movimiento de oscuridad en la oscuridad,
Y sabemos que las montañas y los árboles,
El panorama distante
Y la llamativa imponente fachada
Todos son llevados lejos
Le digo a mi alma, aquiétate,
Y espera sin esperanza
Porque la esperanza será esperar la cosa equivocada;
Espera sin amor
Porque será amor hacia la cosa equivocada
Pero aún hay fe
Pero la fe y el amor y la esperanza
Están todas a la espera.
Espera sin pensamiento alguno
Porque no estás listo para pensar;
Así que la oscuridad deberá ser la luz,
Y la quietud, la danza'.

— T.S. Eliot

Chapter Seven

Karma. Sé tú mismo — todos los demás están tomados

No puedo creer que Dios juegue a los dados con el Universo.
— Albert Einstein

La posibilidad de que este universo, inconmensurablemente vasto e increíblemente intrincado, fuera creado y mantenido por accidente, se compara con las posibilidades de que un vendaval atraviese un basurero esparciendo en el aire miles de partículas metálicas y en su vuelo ensamble un avión jumbo. No sólo es inverosímil, sino también prácticamente imposible para todos los propósitos prácticos.

Los humanos siempre han sospechado que hay una inteligencia misteriosa detrás de esta creación. Somos seres conscientes en un mundo inconcebiblemente más complejo que algo que pudiéramos haber creado con la inteligencia limitada de nuestras mentes individuales. Podemos no estar de acuerdo en la respuesta a todo, pero la mayoría de nosotros detecta un misterio oculto, más allá de nuestra comprensión. Quién o qué es, no estamos bastante seguros pero ¿quién no querría descubrirlo?

> *Has venido con el temblor del invierno.*
> *¿Quién eres? ¿Cuál es tu belleza?*
> *Cubriendo los verdes campos con hielo y nieve.*
> *¿Quién eres? ¿Cuál es tu belleza?*
> *En el mordaz viento del norte,*
> *en los árboles sin hojas al borde del camino*
> *escribiste un mensaje desconocido*
> — Prabhat Samgiita, canción número 94,
> — P.R. Sarkar

A pesar del prolongado sentimiento de que la verdad última es un misterio que se nos escapa constantemente, sabemos que se expresa en formas que podemos ver y sentir debido al impacto que tienen en nuestra vida. Hay leyes universales que gobiernan nuestra existencia, ineludibles porque se tejen en la misma tela del universo. La ley de la gravedad mantiene nuestros pies anclados firmemente al planeta mientras que caminamos; la polaridad arquetipo se refleja en cada faceta de la existencia: noche y día, nacimiento y muerte, hombre y mujer, *yin y yang*.

Una de las leyes más sutiles de este universo, pero de gran envergadura en su consecuencia, es la *ley de la causa y el efecto*, la del *karma*: cada acción crea una reacción y hay una causa oculta detrás de cada acción.

Esta cadena eterna de acción y reacción se compara con el efecto dominó. Una ficha cae al ser empujada por la que le precede y a su vez tira a la que le sigue. En el proceso es fácil perder de vista las fichas que han caído antes, pero de todas maneras son importantes; puesto que cada una ha jugado un papel determinante en el resultado de toda la cadena. Algunas de estas fichas de dominó están hechas de moléculas y partículas subatómicas mientras que otras son ondas de pensamiento. Esta intrincada danza de partículas y ondas es la que forma la taza de sopa cuántica que llamamos Universo. En ocasiones un pensamiento-dominó choca una molécula-dominó; en otras ocasiones sucede lo contrario. Siempre es apenas sólo una sacudida más en una vasta cadena de causa y efecto.

Digamos que decidimos hacer una silla. Desde la perspectiva científica de la física moderna, una silla está compuesta principalmente de espacio vacío y contiene billones de pequeñas cargas eléctricas y partículas atómicas y subatómicas, todas volando alrededor de forma ordenada. El mismo principio aplica para la madera en la silla. Ahora, tomamos ese pedazo de madera, lo tallamos, lo lijamos y lo pintamos, luego retrocedemos y admiramos nuestra obra brillando intensamente con satisfacción porque hemos creado algo nuevo. ¿Pero realmente lo hicimos? ¿Creamos las moléculas que componen ese pedazo de madera? ¿Creamos la carne y sangre de las manos que nos permiten llevar a término nuestro trabajo?

Trata de observar ese largo corredor de acciones y reacciones. ¿Qué fue lo que provocó que percibiéramos este caleidoscopio giratorio de moléculas como una silla? ¿Podría deberse a ciertos prejuicios que surgen de experiencias y condicionamientos pasados? ¿Podemos incluso estar seguros de que el pensamiento original, el deseo de hacer la silla, era un pensamiento original? ¿Podría también tener una causa? ¿No podría también ser una reacción a algo más, un singular dominó cayendo en una barrida de fichas? ¿No podría ser que subconscientemente queríamos hacer la silla para impresionar a la gente a nuestro alrededor, para probar algo a nuestros padres, para satisfacer alguna necesidad escondida por mucho tiempo y que cada uno de estos deseos previos y reacciones psíquicas surgieron de otras condiciones que llevaron a ellas?

La física del siglo XX, más que cualquier otra cosa, ha grabado en forma indeleble este entendimiento en la mente moderna. La teoría cuántica demuestra que todas las cosas parecen estar conectadas e incluso sugiere que la mera observación de un fenómeno cambia su naturaleza. Las limitaciones de la *física newtoniana*, donde el mundo está compuesto de objetos sólidos y espacio vacío, delineadas desde hace mucho, han conducido a la celebrada declaración del astrónomo inglés Sir James Jeans: "el mundo parece cada vez más un pensamiento gigante que una máquina gigante".

> *Una hoja, revoloteando,*
> *habla del otoño*
> *sobre todo el país.*
>
> — Zen Forest: *Refranes de los Maestros*

Las complejidades de la ley de causa y efecto son demasiado grandes para ser entendidas fácilmente, por no hablar del inmenso misterio de donde ésta surge. Esto nos ha hecho pedir explicaciones a lo largo de la historia a hombres y mujeres de sabiduría como a personas de ciencia, filosofía, psicología, y sobre todo, religión.

Recogerás lo que siembres

Las religiones siempre se adentran en los últimos misterios de la vida. Los sacerdotes y teólogos han tratado, cada vez con menos éxito, de mantener este tema en su dominio privado. Sin embargo, ninguna exploración de estos misterios últimos será completa sin examinar el punto de vista religioso en estas materias.

Cada escritura describe una ley divina o cósmica que gobierna las consecuencias de nuestras acciones. Muchos de nosotros sentimos intuitivamente su existencia sin siquiera asistir a una sola conferencia o leer atentamente las páginas de cualquier grueso libro negro que presida la religión de nuestras infancias. ¿No es natural que algo malo resulte de acciones dañinas? Puede que no evite que hagamos esas cosas "malas", pero la voz de nuestra conciencia crea el sexto sentido de que estamos haciendo algo inapropiado.

Diferentes religiones han utilizado esta enseñanza en diversas formas, algunas veces como precaución contra el pecado, otras veces han ido muy lejos y la han utilizado como una clara forma de manipulación o explotación. La gente tiende a encontrar

> **Mucha gente entiende que nadie puede cambiar las leyes del universo, no importa lo bien ubicados que estén o cuánto dinero le den para escapar de lo que les espera.**

una manera de escapar a las consecuencias negativas de nuestras acciones. Históricamente, la clase sacerdotal que reclamaba el poder de intercesión sacó ventaja de esta tendencia. Por una pequeña donación prometían arreglar las cosas con el de allá arriba en control de acciones y reacciones. Además, consolidaron su posición afligiendo a la gente con el miedo a las consecuencias de sus acciones.

La literatura teológica de la edad media y antigua está repleta de sombrías descripciones acerca de los tormentos del bajo mundo, una pintoresca, pero atemorizante forma de desviar la atención de la gente de la ley del *karma*.

Estos conceptos medievales no se limitan al pasado. A un colega se le preguntó de qué vivía. Cuando contestó que enseñaba meditación, la persona se puso seria y dijo "mejor ponte en forma hijo mío. El infierno va a estar caliente para ti".

Pocas personas aún creen que otro ser humano tiene el poder de interceder por ellas ante el puesto de comando cósmico. Mucha gente entiende que nadie puede cambiar las leyes del universo, no importa lo bien ubicados que estén o cuánto dinero le den para escapar de lo que les espera. Para bien o para mal estamos atrapados en las consecuencias de lo que hacemos.

No te quejes, es voluntad de Dios

Una segunda enseñanza muy común en muchas escuelas y doctrinas religiosas es la pasiva aceptación de la ley del *karma*; una especie de fatalismo que lleva a la gente a creer que como todo es la voluntad de Dios no se debe tratar de cambiar las cosas. Personalmente, creo que esta forma de pensamiento fue propagada en Europa, en la Edad Media para legitimar el opresivo dominio de los señores acaudalados y mantener a los siervos en su lugar. Esa forma de pensar sigue estando muy extendida en la India actual como parte del hinduismo. Los sacerdotes brahmanes justifican el sufrimiento de los pobres argumentando que es resultado de los pecados de sus vidas pasadas.

Esta mala interpretación de *la ley del karma*, en ocasiones deliberada, ni siquiera es lógica. Si es la voluntad de Dios que alguien sea pobre y tú estás en posición de ayudarlo, igualmente podría

> Podemos confiar en la visión o en la sabiduría de una inteligencia divina pero al mismo tiempo debemos esforzarnos por hacer el mejor uso posible de cualquier inteligencia y energía que se nos dé.

ser su voluntad que ejercitaras la facultad de compasión que te fue dada, y le ayudaras. Seguramente esto es más probable que la propuesta alternativa de que, supuestamente el Dios amoroso creó esta situación a fin de demostrar que tienes un corazón de piedra.

Si somos nosotros los que estamos sufriendo, quizás tengamos el derecho de adoptar una actitud filosófica y aceptarla como la consecuencia de nuestros errores pasados. Asumir el derecho de interpretar la causa del sufrimiento de otros y utilizarla como una justificación para abandonarlos y oprimirlos es difícilmente una actitud humana, menos aún, una espiritual.

Es posible que todo sea la voluntad de Dios, pero ¿significa esto que no debemos levantarnos de la cama por la mañana, o respirar o comer? Incluso la decisión de no hacer nada es una decisión como cualquier otra, y acarrea con ello un conjunto de consecuencias, al igual que si hemos decidido, por el contrario, salir y tratar de salvar al mundo, o sentarnos en meditación y hacer un esfuerzo por dominar nuestras mentes. No importa lo que hagamos o no, no podemos escapar a la cadena de causa y efecto. El simple hecho de comer para mantener vivo el cuerpo significa que estamos consumiendo los recursos de la tierra. Estamos involucrados en una cadena de causa y efecto que nos afecta no sólo a nosotros sino a todos los seres vivos en el planeta.

Podemos confiar en la visión o en la sabiduría de una inteligencia divina pero al mismo tiempo debemos esforzarnos por hacer el mejor uso posible de cualquier inteligencia y energía que se nos dé.

Ten fe en Alá, pero amarra el camello.

— Proverbio Sufí

Las respuestas fáciles de la religión organizada a menudo no logran satisfacer esa sed de conocimiento. Detectamos que las causas detrás de nuestras dificultades y preocupaciones se encuentran enterradas en nuestro pasado, escondidas tras una cortina oscura. El deseo de entender las fuerzas que le dan forma a nuestro destino individual alimentó el crecimiento de la psicología y la investigación psicológica que presenciamos en el siglo XX y que abrió la vía a la gran influencia que ejerce sobre la forma en que percibimos nuestra existencia actualmente. ¿Son los psicólogos el nuevo sacerdocio?

Desde el ojo de la mente

Los psicólogos son los primeros en estar de acuerdo en que todo en el mundo está sujeto a la ley de acción y reacción, pero nos animan a no perder nuestro tiempo preocupándonos por el trabajo de una inteligencia divina cuando todo lo relacionado con el *karma* ya está presente en nuestra mente. Muchas cosas están fuera de nuestro control, ya sea un terremoto o que China invada la India, ¿quién puede pronosticar lo que va a suceder? ¿Podemos, de manera realista, esperar entender el funcionamiento de un universo que está más allá de nuestro poder de comprensión? Un evento aquí podría afectar a Marte, como dicen los físicos, ¿pero seremos conscientes de ello?

Cuando vamos a retirar dinero de un cajero automático en el banco nos conectamos al sistema de una computadora central que coordina los recursos de millones de cuentas en todo el país. La cantidad de información que pasa a través del sistema en un día es asombrosa, más allá de nuestra comprensión. ¿debemos preocuparnos por esto? Todo lo que nos interesa es el dinero que vinimos a retirar, eso es lo que nos preocupa.

Este sistema informático central es como la inteligencia universal, que decide en última instancia si obtenemos nuestro dinero y la oportunidad de pasar otra noche de sábado en el cine. Es una vasta operación manejar las transacciones diarias de millones de cuentas, pero afortunadamente de lo único que tenemos que preocuparnos es de nuestra cuenta individual. Tenemos nuestra tarjeta personal que nos permite el acceso a nuestros fondos. Mientras tengamos algún saldo en nuestra cuenta podremos retirarlo a cualquier hora del día o de la noche.

Lo que más preocupa a la psicología moderna acerca de la ley de causa y efecto es cómo nuestras acciones pasadas moldean nuestra personalidad. Cualquiera que sea tu destino individual, ya seas un alcohólico, una madre perfecta, un delincuente adolescente o el Papa, es el resultado de las reacciones a acciones pasadas y experiencias que se remontan hasta la primera infancia y que han sido guardadas en tu mente.

La mente alberga las impresiones de los eventos que dan forma a nuestra vida y estas impresiones han dado lugar a las reacciones que han creado tu situación personal única en el mundo. La clave para entender quiénes somos radica en la comprensión de qué impresiones están almacenadas en la mente, especialmente aquellas que se han vuelto inconscientes, así como la clave para averiguar si puedes obtener el dinero que quieres depende de marcar el número personal de la tarjeta del banco y verificar que tienes suficiente cantidad en tu cuenta.

Lo que somos ahora es el resultado de aquello que hemos hecho o pensado en el pasado, y lo que seamos en el futuro será el resultado de lo que hagamos o pensemos ahora.
— Swami Vivekananda

Psicología del yoga

Hace miles de años los practicantes de meditación formularon la *ley del karma* con base en sus observaciones tanto en la mente humana como en el mundo exterior. La *ley del karma* establece que por cada acción hay una reacción. Newton lo descubrió en relación con las leyes que gobiernan el mundo de la física en el Siglo XVIII, pero la ley del *karma* aplica la misma idea al reino del pensamiento. Los pensamientos producen reacciones con tanta seguridad y consistencia como la caída de una pelota hará que ésta rebote.

> Los pensamientos producen reacciones con tanta seguridad y consistencia como la caída de una pelota hará que ésta rebote.

Sin embargo, estas reacciones a las acciones físicas no siempre son inmediatas. En la mayoría de los casos las reacciones se almacenan en la mente como impresiones que aguardan las condiciones adecuadas para ser liberadas.

Si presionas una pelota de caucho con el dedo y luego lo retiras, la pelota volverá inmediatamente a su forma original. Hay una fuerza reactiva en la estructura material de la pelota que se opone a tu acción y quiere mantener su estado original, pero si dejas el dedo en la pelota, las condiciones necesarias para expresar esta reacción no estarán presentes. Es necesario quitar el dedo para que la pelota pueda recuperar su forma original.

La mente funciona de la misma manera. Cualquier acción psíquica, se haya expresado o no en el mundo material, crea una distorsión en la sustancia mental (o ectoplasma).

> Un punto clave para recordar respecto al karma es que, hablando estrictamente, no es la acción o experiencia la que crea la impresión duradera, sino la reacción mental que produce.

Nuestros pensamientos tienen un ímpetu, al igual que cualquier onda, y este ímpetu deja una huella en nuestra mente de la misma manera que una onda en la superficie del agua deja una impresión en la arena de la orilla del mar. Mientras esta impresión no sea liberada a través de una reacción, la impresión permanecerá condicionando nuestra mente y la forma en que se expresa. Cuanto más profunda es la impresión, mayor será la influencia que tendrá sobre nuestra composición mental y la fuerza con la que se expresará cuando finalmente se libere.

Un punto clave para recordar respecto al *karma* es que, hablando estrictamente, no es la acción o experiencia la que crea la impresión duradera, sino la reacción mental que produce. No importa tanto lo que sucede o lo que hacemos, sino lo que pensamos. Por supuesto, nuestras acciones son reflejos directos o indirectos de nuestros pensamientos. Dos personas realizan un acto de violencia casi idéntico, pero una persona siente remordimiento incluso mientras realiza ese acto, y, posteriormente, se promete a sí misma nunca volver a hacerlo, mientras que la otra puede sentir un placer cínico respecto a su acción. La severidad de la consecuencia eventual del acto es más fuerte para la segunda persona que no se arrepiente.

Yo era un ávido coleccionista de botones de plástico a los siete años, incluso les puse nombres y personalidades imaginarias a algunos. Los botones más grandes eran particularmente útiles. Si pasas un lazo de algodón a través de los agujeros y alternativamente lo tensas y lo relajas, el botón gira a gran velocidad produciendo un zumbido maravilloso. Cuanto mayor sea el botón, mejor el sonido. De alguna manera adquirí un enorme y elegante botón café que emitía el mejor y más fuerte sonido de todos. Pero una vez mis hermanos mayores descubrieron los poderes de este botón singularmente superior se volvió un objeto de codicia ante sus ojos. Entonces, una tarde que jugaba feliz me lo quitaron y no me lo devolvieron, así que empecé a llorar. Esto atrajo la atención de nuestra madre, que preguntó por qué estábamos peleando.

-Ellos me quitaron mi botón- gemí, indignado, en esta nueva instancia del débil que es tiranizado por el fuerte. Mis hermanos por supuesto negaron todo, incluyendo la legitimidad de mi derecho a la propiedad del botón.

Para mi horror, mi madre, en lugar de apoyar mi causa y administrar justicia en favor del menor, como debían hacer las madres, tomó mi bello botón, lo quebró con un martillo y dijo: -¡Les enseñaré a no ser tan estúpidos como para pelear por un botón!

Estaba mortificado. En vez de lograr una instantánea iluminación respecto a la futilidad del materialismo, encontré, tristemente, que mi confianza en la justicia de mi madre disminuyó.

Hace pocos años le recordé a mi madre de ochenta y cuatro años este incidente. Ella no lo recordó. No porque su memoria estuviera disminuyendo, sino porque ella no fue afectada emocionalmente por el

> De acuerdo con la psicología de yoga, nuestra personalidad, o yo-ego, no es más que la suma total de las impresiones en nuestra mente, los *samskaras*, esperando lograr expresión.

incidente. Desde su perspectiva no era más que los niños peleando de nuevo, difícilmente algo inusual. Estoy seguro de que mis hermanos no lo recuerdan más claramente que ella. Pero yo, horrorizado por la injusta "solución" de mi madre, quedé marcado de por vida. Probablemente estoy exagerando, quizá no de por vida, pero puedes ver cómo un incidente aparentemente insignificante como éste puede crear una impresión profunda en un niño.

Finalmente, mi madre se disculpó, ¡aunque 40 años más tarde! Pero todavía sentía que su risa demostraba una falta de aprecio por la gravedad del asunto.

En la vida, nuestras reacciones emocionales ante diferentes situaciones se almacenan como impresiones en nuestras mentes; éstas se vuelven reacciones potenciales, conocidas en la terminología yogui como *samskaras*. *Karma* es la acción, y *samskara* es la reacción almacenada. A menudo la palabra '*karma*' se emplea erróneamente en lugar de '*samskara*'.

De acuerdo con la psicología de yoga, nuestra personalidad, o yo-ego, no es más que la suma total de las impresiones en nuestra mente, los *samskaras*, esperando lograr su expresión. Son lo que somos, o al menos lo que creemos que somos, en la medida en que nos identificamos con nuestro ego. La visión que tenemos del mundo, nuestros prejuicios, creencias y los rasgos de nuestro carácter, complejos y fortalezas, son todos creados por las acciones que realizamos y pensamientos pasados. Nuestra vida diaria es una interacción compleja de nuestros *samskaras*. Todos usualmente experimentamos estos eventos, causados tanto por impulsos relativamente inconscientes, como por nuestro libre albedrío que nos conduce a emprender nuevos pensamientos y acciones. Los *samskaras* acumulados influyen en nuestras acciones y pensamientos presentes, los cuales, a su vez, crean otros nuevos siempre que permanezcamos identificados con nuestro ego. Aun cuando podemos ser inconscientes de ello, este círculo vicioso nos roba nuestra libertad de elección. Tanto la psicología occidental como la oriental tienen herramientas para liberarnos de la influencia vinculante de nuestros samskaras.

Haciendo consciente lo inconsciente

Nuestros *samskaras* son, por su propia naturaleza, inconscientes hasta que el proceso del pensamiento o los estímulos externos los activan. Las razones por las que pensamos y actuamos de cierta forma permanecen sustancialmente ocultas para nosotros hasta que las buscamos de manera activa. Sin embargo, la mayoría de la gente hoy en día está muy "ocupada" para darse el tiempo de descubrir los motivos escondidos detrás de sus acciones. Están tan atrapados en el flujo dinámico de su vida que muchas veces se imaginan a sí mismos como los únicos controladores de su mundo, sin darse cuenta hasta qué punto se dejan llevar por el impulso acumulado de sus acciones y pensamientos pasados.

Cuando las personas despiertan al hecho de que son las víctimas pasivas de su condicionamiento pasado, o más comúnmente, cuando ocurre alguna fuerte reacción que provoca gran sufrimiento en su vida, empiezan a buscar una ayuda que los libere de sus complejos psíquicos. Tendidos en el diván del psicólogo, se liberan de sus problemas mientras el terapeuta los guía de regreso por los corredores de la memoria para encontrar qué traumas o experiencias ocultas se encuentran en el origen de sus dificultades actuales. Un proceso difícil, y a menudo doloroso, en el que el profesional y el cliente se esfuerzan por desprender las capas que se encuentran entre la conciencia y las impresiones almacenadas en la mente.

La consciencia se resiste naturalmente a lo inconsciente y desconocido. Erigimos barreras psicológicas para protegernos del choque de enfrentar cualquier cosa nueva.
— C.G. Jung

La fuerza latente que se almacena en una impresión muchas veces se libera por el simple proceso de traer a la conciencia lo que era inconsciente. Tomar conciencia de la causa original de la ansiedad presente es muchas veces suficiente para que ésta pierda su poder sobre nosotros. El recuerdo permanecerá, pero desaparece el poder emocional que estaba encerrado en esa memoria y la tensión oculta asociada a ella que había influido tan profundamente nuestro pensamiento y nuestro estado emocional sin que fuéramos conscientes de ello. Puede que volvamos a experimentar esa energía con lágrimas de dolor mientras es liberada, pero una vez que se expresa, nos sentimos libres. Es como si nos hubiéramos soltado de un dragón que respira fuego y que vivía en una esquina oscura de nuestra mente; como si ya no fuéramos víctimas de su aliento abrasador. Volvemos a vivir las emociones asociadas con esa experiencia olvidada o reprimida y cuando nos despertamos al día siguiente encontramos que ya no les tenemos miedo

> **Es importante recordar que ese volvernos conscientes no implica alcanzar solamente un entendimiento intelectual sobre nosotros mismos. Se debe experimentar y liberar la energía emocional que estaba almacenada en esa impresión.**

a las serpientes o que ese resentimiento inconsciente que habíamos tenido desde hace tiempo hacia nuestro padre se ha convertido en un entendimiento consciente. Es importante recordar que ese volvernos conscientes no implica alcanzar solamente un entendimiento intelectual sobre nosotros mismos. Se debe experimentar y liberar la energía emocional que estaba almacenada en esa impresión.

> *En la intensidad de la perturbación emocional radica el valor, la energía que debemos tener a disposición para remediar el estado de reducida adaptación. Nada se alcanza si este estado se reprime o se devalúa racionalmente.*
>
> — C.G Jung

Una parte ineludible en nuestro desarrollo personal incluye un viaje al profundo bosque oscuro de la mente para confrontar los demonios y las brujas que están ahí a la espera. Ahuyentarlos con la luz del conocimiento significa un retorno victorioso a la plena conciencia. Éste es el comienzo de la libertad psicológica, que no es más que la conciencia y la liberación de esas reacciones potenciales o *samskaras*. Puede ser un viaje difícil y desafiante, lleno de confrontaciones dolorosas con nuestros deseos reprimidos, dolores y cicatrices mentales, pero trae consigo el sabor de la libertad, la oportunidad de convertirse en alguien cada vez más consciente, cuyas decisiones son intencionales y no las de una persona que sólo ha sido arrastrada por los vientos del *karma* pasado.

Como Jung ha señalado, no hay nada que ganar, y todo que perder, evitando nuestros *samskaras*. Mientras que esta actitud de enfrentarlos y trabajar activamente en ellos puede llevarnos a elecciones difíciles, esas dificultades no son más que cabinas de peaje en el camino hacia la libertad.

> *Tu dolor es la ruptura de la concha que encierra tu entendimiento. Así como la semilla de la fruta debe romperse para que su corazón reciba el sol, de la misma forma debes conocer el dolor.*
> *Y si puedes mantener tu corazón asombrado por los milagros diarios de la vida, tu dolor no parecerá menos maravilloso que tu alegría;*
> *Y aceptarás las estaciones de tu corazón de la misma manera que aceptas las estaciones que pasan sobre tus campos.*
>
> — Kahlil Gibran

El enfoque del meditador

La psicología occidental depende de un analista que nos ayude a explorar las impresiones del pasado que hemos almacenado y que afectan nuestra vida actual. El enfoque del yoga es diferente. Aunque comparte algunos elementos esenciales con esta disciplina y nos anima a buscar la guía de un maestro espiritual, no propone que sea el maestro quien tome el papel del analista, sino que nos anima a desarrollar nuestras cualidades positivas y a emplear el autoanálisis.

Hace algunos años pasé una semana solo en Suiza; tuve un retiro personal en un lugar cerca de un hermoso lago. Medité mucho, compuse música y practiqué escritura creativa como una forma de autoanálisis. Posteriormente, en un tren con dirección a Alemania, escribiendo acerca de mi experiencia, mi mente se inundó de un profundo entendimiento acerca de mi personalidad, mi niñez, la relación con mi madre y de cómo todas estas cosas han influido en la forma de relacionarme, aún hoy, con otra gente. Esta experiencia continuó por lo menos durante dos horas. Aunque fue muy intensa, me sentí completamente calmado y al final estaba tan en paz conmigo mismo que no podía entender cómo era posible que me hubiera dejado perturbar en mi vida por cosas insignificantes. Fue una experiencia maravillosa y, ciertamente, resolvió muchos de mis *samskaras* más profundos. Fue una fuerte reminiscencia del conocimiento que, me imagino, se supone uno alcanza en una serie de sesiones con un buen terapeuta. ¡Quizás debería cobrarme a mí mismo una gran factura!

> En este punto las dos disciplinas pueden ser complementarias.

Además de no haber una segunda persona que actúe como analista, existe otra diferencia fundamental entre la meditación y el psicoanálisis: la meta misma. La psicología occidental se preocupa principalmente por liberar los elementos inconscientes de nuestra mente que no nos permiten llevar una vida feliz y armónica. No se preocupa de lo que está más allá de la mente o de los aspectos profundos del ser. Hay excepciones notables: Brian Weiss, por ejemplo, utilizó el psicoanálisis como una vía para la meditación y la experiencia espiritual.

No obstante, para la mayoría de las personas que están en un camino espiritual esto no es suficiente. Lo quieren todo. Quieren el premio mayor: la felicidad infinita y el entendimiento de su más profundo ser. Pero si la mente no está equilibrada, la personalidad está llena de complejos no resueltos, y nos vemos impulsados por pasiones y adicciones más allá de nuestro control, entonces lograr ese estado de suprema satisfacción será tan inalcanzable como que el sol se levante por el occidente. Los estados más profundos de la meditación siempre estarán fuera de nuestro alcance, por lo tanto, en este punto las dos disciplinas pueden ser complementarias. Los meditadores reconocen la necesidad de liberarse de los *samskaras* que los alejan de su meta y de su meditación, y las prácticas asociadas con ellas se convierten en los medios para alcanzarla.

En nuestra disciplina no nos concentramos directamente en nuestros problemas, sino que gradualmente nos hacemos conscientes de todos nuestros pensamientos a medida que aparecen, mientras tratamos de enfocar nuestra atención completamente en la conciencia pura de la que emergen estos pensamientos: en el *yo* interior que está detrás de todos ellos. Poco a poco, aprendemos a tomar conciencia de todo el escenario, de la naturaleza de nuestra mente individual, y vemos a nuestros pensamientos surgir del pozo de los *samskaras*. Cuando nos enfocamos en la conciencia pura con la ayuda del *mantra*, reconocemos las resistencias y preocupaciones mentales que nos alejan de nuestro objeto de concentración. Cuanto más profundamente vamos, más nos concentramos en nuestra conciencia interior y menos nos identificamos con las actividades de la mente, poco a poco nos volvemos su testigo silencioso. Descubrimos nuestros problemas en la forma que se nos revelan con la intensidad clara de una mente serena. Nos hacemos conscientes de nosotros mismos como una conciencia interior que trasciende el caos y las turbulencias de nuestros pensamientos y deseos. Nos encontramos gradualmente arrastrados a las profundidades de un océano interior de paz, por completo imperturbable por las ondas que agitan su superficie. Dejarnos caer en el silencio de la conciencia pura, aunque sea por un momento, nos da la convicción de que al final ganaremos control sobre nuestras agitadas mentes y alcanzaremos el tranquilo Ser en nuestro interior; lo que nos inspira a esforzarnos cada vez más.

> Nos hacemos conscientes de nosotros mismos como una conciencia interior que trasciende el caos y las turbulencias de nuestros pensamientos y deseos. Nos encontramos a nosotros mismos arrastrados, gradualmente, a las profundidades de un océano interior de paz completamente imperturbable por las ondas que se agitan en la superficie.

Liberando la mente de *samskaras*

A través de la meditación esta práctica de conocimiento consciente y las impresiones almacenadas en nuestra mente se expresan de manera más rápida que por medio de cualquier otro proceso, tanto más cuanto más profundo vayamos. Es como si encendiéramos una luz en un cuarto oscuro buscando el pasaje que conduce a las grandes puertas de la libertad, mientras el contenido del cuarto entero está iluminado. Incluso los meditadores que apenas empiezan se dan cuenta de cómo se acelera el proceso de liberación de los *samskaras* a medida que progresa su meditación. Puede ser que no haya un esfuerzo especial para obtener control sobre un deseo o adicción particular, y aun así, en nuestra vida diaria, los vemos desaparecer por iniciativa propia o una mañana nos levantamos y nos damos cuenta de que el temor a un problema en particular en nuestra vida ya no es más un conflicto. Sucede que la energía emocional encerrada en ese *samskara* en particular ha sido liberada naturalmente en el proceso de nuestra meditación diaria, la cual no siempre es fácil, pues el ego se resiste a nuestros esfuerzos por descubrir lo que está oculto, pero con el tiempo se ve obligado a admitir su derrota.

Yo solía sufrir de timidez extrema cuando era niño, y aunque la superé gradualmente durante mi adolescencia, persistía cuando tocaba música. Por más de doce años tuve una gran fobia a que alguien me escuchara tocar el piano, pero más o menos un año después de haber aprendido meditación este temor se disolvió. Ni siquiera me di cuenta de su ausencia. Ahora puedo ejecutar música ante miles de personas sin problema.

En ocasiones noto que algunas personas lloran cuando meditan. Después de finalizar la meditación es probable que no recuerden nada en particular que las haya hecho llorar, pero se dan cuenta de que han liberado cierta energía emocional. Los yoguis llaman a este proceso "quemar *samskaras*", puesto que al ser muy fuertes pueden manifestarse directamente cuando se queman.

Un amigo tenía en su clase de meditación a un joven que era atacado por un inexplicable temor si estaba diez metros y medio por encima del suelo, pero que no tenía miedo a las alturas. A los ocho o doce metros se mantenía calmado y controlado. Un día en la meditación la fuente de su peculiar fobia brilló en su mente. Tenía una memoria de sí mismo cuando tenía cuatro años colgando de una mano de un balcón que estaba a diez y medio metros del suelo. Sonreía mientras llamaba a su madre. Ella gritó cuando lo vio colgando, corrió, lo levantó y lo puso en un lugar seguro. Él comentó a la clase que después de haber recordado el incidente su miedo había desaparecido.

Muchas veces la reacción potencial se expresa en forma de algo que nos ha pasado. Nos puede haber atropellado un auto mientras cruzábamos la calle principal, pudimos haber perdido el trabajo sin haber cometido errores o ganado la lotería con un billete que un amigo nos compró. Tenemos que experimentar el *karma*, bueno o malo, y esa verdad universal se refleja en los eventos de nuestra vida sobre los que aparentemente no tenemos control. Los meditadores experimentan una aceleración en su vida externa a medida que las reacciones se descubren y buscan expresarse. Muchas otras cosas nos empiezan a pasar tanto en el interior como en el exterior. Experimentamos cambios mayores. Lo inesperado surge con más frecuencia que antes. Por encima de esto, los *samskaras* se disuelven en nuestra meditación antes de salir a flote. Como resultado, experimentamos las reacciones solamente en la mente, que es donde finalmente se experimentan, independientemente de si nos pasa algo o no externamente. De la misma manera todas las acciones que crean *karma* son en realidad acciones psíquicas, ya sea que se expresen o no en el plano material. Nuestras vidas, entonces, se vuelven más sutiles conforme somos capaces de tratar con nuestros *samskaras* en el nivel emocional y mental, sin tener que aprender nuestras lecciones en la escuela a "golpes duros" como le pasa al individuo menos consciente.

> **Los meditadores usualmente experimentan una aceleración en su vida externa a medida que las reacciones se descubren y buscan expresarse.**

En el mundo competitivo de hoy, muchas personas todavía consideran que sentarse a meditar en silencio es una forma poco productiva de utilizar media hora, pero no pueden estar más lejos de la verdad. La meditación no sólo nos libera de las impresiones pasadas, los complejos y las condiciones que no nos dejan ser felices, saludables, equilibrados, seres humanos funcionales, sino que además nos lleva más allá, en un recorrido hacia el cumplimiento supremo de nuestro ser interior.

> *Por actividad, de acuerdo con el uso moderno de la palabra, normalmente se entiende una acción que trae consigo un cambio en una situación existente a través de un gasto de energía. Así, se considera que un hombre está activo si tiene negocios, estudia medicina, trabaja en una fábrica, hace una mesa o practica deporte. Todas estas actividades tienen en común que se dirigen hacia una meta externa y alcanzable. Lo que no se tiene en cuenta es la motivación de la actividad. Tomemos por ejemplo a un hombre que se ve forzado a trabajar incesantemente por un profundo sentimiento de inseguridad y soledad, u otro manejado por la avaricia o la ambición por el dinero. En todos*

estos casos la persona es esclava de una pasión y su actividad es en realidad una forma de pasividad porque él es manejado: él es el que sufre, no el que actúa. Por otro lado, un hombre sentado en quietud y contemplación sin otro propósito u objetivo que el de experimentarse a sí mismo y a su unidad con el mundo es considerado 'pasivo' porque no está 'haciendo' nada. En realidad, esta actitud de meditación concentrada es la más prominente actividad que existe, una actividad del alma, que sólo es posible en una condición de libertad interior e independencia.

— El arte de amar
Erich Fromm

Plena conciencia

Cuanto más meditamos, esta conciencia reflexiva en la que entramos se vuelve más nuestra segunda naturaleza, no sólo mientras lo hacemos, sino también después, durante nuestras actividades diarias. En lugar de identificarnos completamente con nuestro ego y dejarnos llevar por la acción o la situación, permanecemos cada vez más conscientes de nuestro *yo* interior, la conciencia pura que está detrás de todas nuestras acciones. Empezamos a notar cómo nuestra mente actúa y reacciona en diferentes situaciones. Esta calidad de conocimiento consciente de nuestros pensamientos y acciones es lo que entendemos como *plena conciencia*.

Si observamos nuestra mente, nos damos cuenta de las motivaciones detrás de nuestras acciones, pensamientos y sentimientos. Es posible que nos encontremos en una situación que nos cause rabia, pero en vez de simplemente

> Empezamos a notar cómo nuestra mente actúa y reacciona en diferentes situaciones. Esta calidad de conocimiento consciente de nuestros pensamientos y acciones es lo que conocemos como plena conciencia.

dejarnos llevar por el sentimiento y perder el temple, observamos nuestras reacciones como si viéramos una obra dramática en el escenario. Esta observación reflexiva revela patrones negativos de nuestra mente, mostrándonos cómo ciertas situaciones se establecen como desencadenantes de nuestra rabia. Descubrimos las causas detrás de los efectos, un prejuicio, un dolor del pasado, un miedo profundamente incrustado. Mentalmente retrocedemos un poco más, recordamos la conciencia tranquila que es nuestro verdadero ser y nuestra rabia se disuelve casi tan rápido como llegó.

La plena conciencia nos enseña compasión cuando nos muestra que en última instancia somos responsables de nuestras acciones y reacciones. Nadie más nos enoja, sólo nosotros mismos. Lo hacemos si tenemos ese *samskara* no expresado enterrado en nuestra mente. Una vez que éste se libera, las situaciones difíciles ya no tienen el poder de enojarnos. Podemos reconocernos en el lugar del que recibe la conducta inapropiada de otros y tomar medidas para rectificarla, pero no perturbará nuestra tranquilidad mental. Aunque veamos a alguien hacer algo equivocado, sentiremos compasión, porque seremos capaces de ver que sus *samskaras* lo guían de la misma forma que alguna vez lo hicieran con nosotros.

> Esto en ocasiones se conoce como desapego—dejar ir nuestro apego a los resultados de nuestras acciones. Nosotros actuamos no porque queremos un resultado particular, sino porque es el curso correcto de acción para ese momento.

Buda solía viajar con sus monjes de pueblo en pueblo predicando el *Dharma*. Él era una personalidad espiritual extremadamente carismática, brillante. Las aldeas enteras se fueron convirtiendo al budismo debido a su presencia. En una de ellas había un hombre joven de escasamente trece años; estaba tan inspirado que quería ser monje y dejar a su familia para irse con Buda. Su padre, un granjero, estaba muy enojado y se lo prohibió, pero el muchacho se escapó y se unió al grupo. Cuando los monjes le contaron a Buda, él dijo: -llévenlo con su familia, es demasiado joven. Y así lo hicieron.

Pero el joven se escapó nuevamente a seguir al grupo y lo devolvieron una vez más. Él hizo esto repetidamente hasta que Buda finalmente lo aceptó cariñosamente diciéndole: -¿Cómo podemos detener a alguien que está tan determinado?

Un año después regresaron a esta villa y el padre del joven, el granjero, confrontó a Buda muy enojado. -Tú robaste a mi hijo, hombre malvado. Tú hechizas y corrompes a nuestros niños y arruinas nuestra vida. ¡Eres un mago negro! ¡Hechicero! ¡Ladrón de niños!

Buda esperó calmadamente a que terminara y dijo: -Si yo te ofrezco una manzana y tú no la aceptas, ¿quién tiene la manzana? El granjero estaba perplejo. Había insultado a este hombre y ahora le hablaba de manzanas. Pensó por un segundo. "Supongo que tú todavía tienes la manzana porque no la acepté.

—Es correcto. De la misma forma, yo no acepté las acusaciones e insultos que generosamente me ofreciste así que son todos suyos. Y Buda le sonrió al hombre.

¿Qué es el desapego?

A medida que desarrollamos concentración, nuestra mente superior intuitiva se desarrolla más. Nos volvemos más sabios y estamos menos atrapados en una perspectiva egocéntrica. Esto en ocasiones se conoce como desapego: dejar ir nuestro apego a los resultados de nuestras acciones. Nosotros actuamos no porque queremos un resultado particular, sino porque es el curso correcto de acción para ese momento.

El desapego en ocasiones es malentendido, como si no importara el mundo. Esto es una idea falsa. El desapego es la libertad del egoísmo y egotismo, dar un paso atrás y considerar nuestras vidas desde una perspectiva más amplia.

"Dios, por favor, dame la fuerza para cambiar las cosas que puedo cambiar, la paciencia para soportar aquellas que no puedo y la sabiduría para conocer la diferencia".

¿Buena suerte? ¿Mala suerte? ¿Quién sabe?

Un anciano granjero en China tenía un caballo que utilizaba para labrar sus campos. Un día el caballo se escapó. Los vecinos del anciano fueron a mostrarle su simpatía por su infortunio pero todo lo que les dijo fue, "¿Buena suerte? ¿Mala suerte? ¿Quién sabe?".

La siguiente semana el caballo regresó con una manada de caballos salvajes. Esta vez los vecinos volvieron para felicitarlo por su buena fortuna. Otra vez todo lo que les dijo fue, "¿Buena suerte? ¿Mala suerte? ¿Quién sabe?".

No mucho tiempo después el hijo del granjero se quebró una pierna mientras trataba de domar uno de los caballos. Los vecinos del granjero, por supuesto, estaban convencidos de que con seguridad ésta era mala suerte. Pero no el granjero.

> **A medida que nuestra meditación profundiza y desarrollamos nuestra plena conciencia, descartamos nuestros viejos conceptos de lo que es bueno y de lo que es malo y dejamos de molestarnos cuando las cosas no salen de la forma en que esperamos.**

Su reacción fue la misma que antes, "¿Buena suerte? ¿Mala suerte? ¿Quién sabe?".

Se declaró la guerra en el país y unas semanas después el ejército marchó en la aldea del granjero para reclutar a todos los jóvenes físicamente capaces. Como el hijo del granjero se había quebrado una pierna lo dejaron quedarse en casa, ¿fue buena suerte? ¿Mala suerte? ¿Quién sabe?

A medida que nuestra meditación profundiza y desarrollamos nuestra plena conciencia, descartamos nuestros viejos conceptos de lo que es bueno y de lo que es malo y dejamos de molestarnos cuando las cosas no salen de la forma en que esperamos. Aprendemos de la sabiduría del *karma* que cualquier cosa que nos sucede es el resultado de nuestras propias acciones y empezamos a construir nuestro futuro en un terreno más firme y a profundizar en el conocimiento de la existencia. Perdemos la forma egocéntrica de pensar y empezamos a aceptar los altibajos de la vida como algo natural. A la vez que aprendemos a jugar el juego de la vida de acuerdo con las leyes de la naturaleza, las leyes de causa y efecto, y mientras reconocemos que cada acción que realizamos tiene un efecto en el mundo fuera de nosotros, desarrollamos el sentimiento de responsabilidad y actuamos de forma que nos beneficia a todos, también a quienes nos rodean y nos sintonizamos cada vez más con la conciencia inmutable de la cual toda experiencia surge: ese ser bienaventurado que trasciende el mundo de acciones y reacciones.

> *Mientras que observas un espectáculo de marionetas, te sientes deleitado al ver cómo las marionetas mueven sus manos y pies, pero no ves a la persona que maneja el bello espectáculo jalando las cuerdas por detrás. Similarmente, notamos las expresiones de las mentes individuales y llegamos a saber cómo cantan melodiosos discursos, pero no podemos ver la Entidad que jala las cuerdas y hace el espectáculo. Lo más gracioso de esto es que el orador, el cantante y el bailarín piensan que son el agente, el que actúa y toma todo el crédito de su función. Por eso se dice que 'uno debe ser más humilde que la hierba'.*
> — Shrii Shrii Anandamurti

Finalmente, el amor por el ser infinito interior nos libera de las cadenas del *karma*. Dejamos atrás hasta la última de nuestras limitaciones y entramos a la paz eterna que estaba siempre dentro de nosotros, pero que hemos olvidado desde hace tiempo. Éste es el final de una larga carrera y no importa lo difícil que haya sido el viaje, nos damos cuenta de que cada paso valió la pena cuando, por primera vez, abrimos los ojos y vemos las cosas como realmente son.

Prueba esto

- Cuando estés meditando con el *mantra* puedes notar que se presentan diversos pensamientos y sensaciones que te distraen.

- Cuando surja un pensamiento como éste, recuerda que tus pensamientos no son tus enemigos: son los niños de tu propia mente; tú los estás creando. De manera que, en vez de tratarlos como algo de lo que debes desprenderte, simplemente recuerda que también son conciencia, como todo lo demás.

- Para hacer esto, cuando se presente un nuevo pensamiento, sólo repite mentalmente, *Baba Nam Kevalam*, y aplícalo a ese pensamiento o idea como si estuvieras tocando el pensamiento con una varita mágica. Todo lo que el *mantra*, tu varita mágica, toca, se vuelve conciencia, algo para amar como una parte integral de la unidad que está en nosotros. Esto puede ser especialmente eficaz al ocuparse de pensamientos o de memorias dolorosas.

- Registra tus experiencias.

Cultívense en el ideal del lirio que florece en el fango y tiene que mantenerse en la lucha por la existencia día a día, resiste, se fortalece y lucha contra los choques del agua empantanada, la fuerza de las tormentas, los chubascos y todas las vicisitudes de la fortuna y aun así no olvida a la luna. Mantiene su amor por la luna constantemente vivo. Sin embargo, a primera vista es la flor más ordinaria, no hay nada extraordinario en ella. Aun así, la más ordinaria florecita tiene un lazo romántico con la gran luna. Ha mantenido todos sus deseos clavados en la luna. Similarmente tú puedes ser una criatura ordinaria; probablemente tengas que pasar tus días en los altibajos de tu existencia mundana, aun así profundiza en el sentimiento de ese Amor infinito.

— Shrii Shrii Anandamurti

Capítulo ocho

Abre los ojos

Un ser humano es parte de un todo que llamamos 'universo', una parte limitada en tiempo y espacio. Nos experimentamos a nosotros mismos, nuestros pensamientos y sentimientos, como algo separado del resto, un tipo de ilusión óptica de nuestra consciencia. Esta ilusión es como una prisión que restringe nuestros deseos personales y el afecto a sólo unas pocas personas cercanas a nosotros. Nuestra misión debe ser liberarnos de esa prisión ampliando nuestro círculo de compasión para aceptar a todas las criaturas vivientes y a toda la naturaleza en su belleza.
— Albert Einstein

Una vez un maestro espiritual le preguntó a un estudiante: "¿Por qué practicas la meditación?"

"Para volverme una mejor persona," fue la respuesta del discípulo.

A mí me parece que es una buena respuesta y permite que surjan otras preguntas: ¿Qué cualidades debemos buscar para ser mejores personas? ¿La meditación cultiva esas cualidades? ¿Qué hacemos cuando volvemos a abrir los ojos? ¿Hemos cambiado? ¿Nuestra realización interior nos ha dado una visión fresca con respecto a nuestro lugar en el mundo? ¿Cómo podemos ser seres humanos ideales, no sólo por medio del pensamiento, sino también de la acción?

> ¿Qué cualidades debemos buscar para ser mejores personas? ¿La meditación cultiva esas cualidades?

Algunas personas cuestionan el valor social de la meditación y el misticismo, sugieren que puede convertirse en una forma de egoísmo o auto indulgencia que busca la felicidad personal, pero descuida a los demás. Con tanto sufrimiento en el mundo, parece razonable preguntarse si debemos dedicar tanto tiempo a nuestro desarrollo personal.

Si meditáramos sin ofrecer consuelo a los demás en su sufrimiento, sin dedicar un momento a obras altruistas, nuestro desarrollo sería incompleto. La meditación espiritual no nos permite hacer esto, cultiva un sentimiento de unión con todas las cosas y de compasión por los demás. Este sentimiento surge no por alguna idea teórica de que todo está interconectado o porque alguien nos haya dicho que debemos sentirnos de esta manera, sino porque es la expresión natural de nuestra verdadera naturaleza.

Los indígenas que viven en cercana armonía con su ambiente natural muchas veces sienten esta conexión con más facilidad que los habitantes de la ciudad.

> *Cada parte de la tierra es sagrada para mi pueblo. Cada brillante aguja de pino, cada playa arenosa, cada niebla en los bosques oscuros, cada pradera, cada zumbido de los insectos, son todos sagrados en la memoria y la experiencia de mi gente.*
> — Jefe Seattle

Este maravilloso sentimiento de conexión con toda la vida, cuando estamos en medio de su abrazo, se siente perfectamente natural. ¿Entonces por qué no lo sentimos todo el tiempo? ¿Qué impide a los seres humanos sentir amor por todos en el mundo y actuar constantemente con gracia desinteresada?

Para responder esta pregunta necesitamos entender cómo el ego forma apegos sentimentales o egocéntricos.

Apego sentimental

Si preguntas a un grupo de personas qué hora es y todos miran sus relojes, usualmente todos darán una respuesta diferente. Y si les preguntas cuál de los relojes creen que está bien, encontrarás que la mayoría cree que su reloj es el que está correcto. ¿Por qué? Porque es su reloj.

¿Y nuestros autos? ¿Nuestras casas? ¿Nuestras ropas? ¿No son más importantes que los de los vecinos? Asociamos nuestro sentimiento de *yo* no sólo con nuestra mente y nuestro cuerpo sino también con todos los objetos que hemos identificado como nuestros. Nos identificamos de la misma manera con la gente. Si un profesor critica a tu hija, saldrás a su defensa, pero no te comportarías de la misma manera si no se tratara de ella. Tu sentimiento de *yo* se invierte en tu hija.

En la comedia surrealista de Flan O'Brien, The Third Policeman, uno de los personajes tiene una teoría acerca de la peculiar relación entre los policías y las bicicletas. Él asegura que cuando un policía se monta en su bicicleta una cantidad de las moléculas de ésta migran al policía y viceversa, así, con el tiempo, la bicicleta se vuelve parte del policía y sucede de manera inversa. Si un policía se recuesta en la pared igual que una bicicleta, significa que está en grave peligro de convertirse más en bicicleta que en policía. Y cuando las bicicletas desaparecen misteriosamente del lugar en el que se dejaron descuidadas, es una clara indicación de que ya son en parte policías, lo que seguramente suena irreal, pero ¿no es exactamente lo que hacemos todo el tiempo?

Una porción de nuestro sentimiento de *yo* se filtra en las cosas que nos pertenecen de manera tal que sentimos que un reloj particular es *mi reloj*. No podemos soportar desprendernos de nuestra ropa favorita aunque esté manchada, desarrollamos un afecto que no es natural por nuestro aporreado, viejo y poco seguro automóvil o un profundo apego por otra persona. Y si un pedacito de esa cosa o persona se instala en nuestra mente de manera que ocupa un rincón de nuestro mundo mental; si la cosa se pierde, nos sentimos perdidos; si la persona es lastimada, nos sentimos lastimados. Si no somos cuidadosos, el poseedor se convierte en poseído.

Este *apego sentimental* es un fenómeno muy intrincado. Por una parte es humano y perfectamente natural sentir más amor por la hija propia que por la de otro. Por otro lado, este sentimiento natural puede volverse tan exagerado y tan distorsionado que nos excedemos en el apego. Podemos cegarnos ante las faltas de nuestra hija o no darle la libertad de volverse una adulta independiente.

El problema no es que amemos demasiado a nuestro propio hijo o hija. Es que amamos a todos los demás demasiado poco. Cuando el grado de amor que sentimos por todos es el mismo que el que sentimos por nuestros propios niños nos acercaremos a la *Conciencia Divina*.

> El problema no es que amemos demasiado a nuestro propio hijo o hija. Es que amamos a todos los demás demasiado poco. Cuando el grado de amor que sentimos por todos es el mismo que el que sentimos por nuestros propios niños nos acercaremos a la *Conciencia Divina*.

Consideremos cómo se desarrollan estos sentimientos y cómo pueden afectar nuestras relaciones personales y a la sociedad como un todo.

La evolución del sentimiento

Los seres humanos están más apegados a su propio sentimiento de *yo*, pues éste define quiénes somos y es muy difícil para nosotros ver más allá de este límite. La gente muchas veces confunde su imagen corporal con su imagen personal, piensan que son su cuerpo. No han entendido todavía que su ser mental y emocional es diferente de su ser físico.

Debido a la fuerte identificación con el cuerpo físico, nos identificamos de manera más estrecha con esos objetos o personas cercanas físicamente. Nos sentimos más cerca de nuestra familia que de la gente que vive en un país extranjero.

Esto es lo que propicia el sentimiento que tenemos por nuestra tribu, raza, país, religión, clase social o especie. Todo depende del grado al que nuestra sensación de *yo* se asocie con ellos.

En un periódico noruego de un pequeño pueblo, una historia sobre el gato de la señora Klem, atorado en un árbol, está en la primera página, mientras que un terremoto en Bahawulpur que mató a cien personas se informa en la página 37, justo al lado de las ofertas especiales de la semana del supermercado.

Alguien en mi pueblo natal de Nueva Zelanda produce una película exitosa. Me siento muy orgulloso, ¿Por qué? Yo no hice la película. Es totalmente irracional, pero soy de Nueva Zelanda y ésta es la naturaleza del sentimiento.

El sentimiento se puede expresar de forma positiva o negativa. La identificación y el orgullo hacia la cultura y el lenguaje propios es un factor esencial en el desarrollo de la identidad y la autoestima, pero cuando se expresan como odio o indiferencia por otra raza, clase, religión, género o especie, se pueden volver destructivos. Los sentimientos de nacionalismo, racismo y religiosos han provocado muchas guerras. Incluso en tiempos de paz mucha gente acepta la situación de millones de personas que deben sobrellevar pobreza y sufrimiento que se puede evitar, mientras que otros viven lujosamente. ¿Por qué? Porque "esa gente" no es de su país o tribu.

La guerra no va a terminar, la explotación y la opresión no cesarán mientras prevalezcan sentimientos estrechos oponiendo a los grupos en competencias y conflictos. Únicamente cuando trascendamos estas barreras mentales de división y odio seremos capaces de crear una sociedad que merezca llamarse *civilización*.

Mientras daba una conferencia sobre Ecología Humana, señalé que la causa fundamental de nuestra crisis ambiental se encuentra en nuestro interior, como fallas en psicología humana con una falta de compasión y amor para todos los seres vivos. Otro orador expresó su frustración porque cuando se necesita tomar una decisión para evitar un desastre ecológico, hay falta de voluntad política. Esto simplemente significa que a la gente que tiene el poder para tomar decisiones no les importa lo suficiente como para actuar. Respondí que los humanos se comportarán en forma responsable, con amor y compasión por toda la vida, sólo cuando se sometan a un cambio de conciencia. Y la meditación es una herramienta poderosa para lograr ese cambio.

Posteriormente, el presidente de la conferencia dijo: "estoy de acuerdo en que tenemos que lograr que los seres humanos cambien su conducta, ya sea a través de prácticas espirituales o a través de persuasión racional". Pausó por un momento y después agregó con un poco de tristeza: "El único problema es que la persuasión racional no parece funcionar muy bien".

> **Los humanos se comportarán en forma responsable, con amor y compasión por toda la vida, sólo cuando se sometan a un cambio de conciencia.**

Cuando el poder del amor triunfe sobre el amor al poder, el mundo va a conocer la paz.

— Jimi Hendrix

Hay razón para la esperanza. Un vistazo rápido al pasado a través del túnel de la historia nos muestra que en pocos cientos de años hemos avanzado una notable distancia en el sendero de la evolución moral.

En el siglo XVII, si ustedes le hubieran dicho a alguien que en el futuro la esclavitud sería ilegal, les habría dicho que eran soñadores.

En el siglo XIX, si alguien hubiera pronosticado que en los siguientes 100 años se instauraría el sufragio universal, que Europa erradicaría el trabajo infantil, que los servicios médicos y la educación universal serían gratuitos y que los negocios se someterían a estudios de impacto ambiental, le tildarían de utópico fantasioso.

En décadas recientes hemos visto muchos avances significativos: el colapso del colonialismo político, el advenimiento del movimiento de los derechos humanos, las demandas públicas de justicia social y económica, el surgimiento del ambientalismo y el fenómeno sin precedente de millones de individuos respondiendo sin vacilar a las crisis y desastres naturales que afectan a extraños en tierras lejanas.

Nosotros, los educados humanos modernos, somos criaturas muy diferentes a nuestros ancestros. ¿Será posible que realmente estemos más iluminados que antes?

Nuestras mentes se expanden a través de la educación, los viajes, los medios y la exposición a diferentes culturas; estamos más conscientes de la importancia de otras vidas y de nuestra interdependencia mutua. Nunca antes en la historia se ha extendido tanto la preocupación por el humanismo y los temas ecológicos.

Antes de que nos demos palmadas en la espalda, vale la pena recordar que muchos pueblos indígenas están años luz adelante del mundo occidental en términos de vida en armonía con los otros y con la naturaleza.

Sin embargo, hemos logrado un progreso considerable al trascender el racismo, el sexismo y otras formas de ser egocéntricas que reflejan las causas psicológicas de la conducta inhumana del hombre hacia otros hombres. Con todo, aún nos falta camino por avanzar. El tiempo se está agotando a medida que enfrentamos la mayor crisis de nuestro planeta. Es urgente que tomemos el próximo paso en nuestra evolución espiritual.

Para lograrlo debemos despertar a nuestra naturaleza superior y eliminar las amargas semillas de odio, ambición y envidia de nuestros corazones. No conozco método más poderoso para lograr esto que la práctica de la meditación espiritual, que culmina en la experiencia de la unión. En ese estado no hay sentido de separación. Tal como el calor del sol toca a todas las criaturas de la tierra, así el amor del alma iluminada alcanza para abrazar a todos, sin hacer caso a las limitaciones.

> Nosotros, los educados humanos modernos, somos criaturas muy diferentes a nuestros ancestros. ¿Será posible que realmente estemos más iluminados que antes?

> Tal como el calor del sol toca a todas las criaturas de la tierra, así el amor del alma iluminada alcanza para abrazar a todos, sin hacer caso a las limitaciones.

Verdad relativa frente a verdad absoluta

Algunos filósofos indios argumentan que el mundo físico no es real; es una ilusión, y por lo tanto el sufrimiento lo es también, de manera que no tiene sentido intentar hacer algo al respecto. Otros dicen que es el resultado de las malas acciones de las personas o del *karma*, por tanto, los intentos por ayudarlos son inútiles, puesto que deben experimentarlo ellos mismos a fin de liberarse de los *samskaras* negativos, pero este argumento no es lógico ni compasivo.

La filosofía del yoga propone que aunque la creación física no es la realidad última y eterna, existe en un sentido relativo; desde el punto de vista de sus habitantes, el mundo es demasiado real. Si tenemos algún sentido moral o sentimientos humanos, el sufrimiento de los demás debe importarnos tanto como les importa a ellos. Aunque puede ser verdad que alguien sufra debido a sus errores pasados, es igualmente cierto que se nos da la oportunidad de eliminar nuestros propios *samskaras* negativos si los ayudamos. Cuando tenemos un sentimiento espiritual genuino, no nos detenemos ni por un instante a considerar estos puntos. Sentimos que la *Conciencia Infinita* aparece ante nosotros en la forma de alguien con dolor, y ayudamos de manera espontánea.

> *Ante el mendigo y el que sufre camina el que pregunta: -¿Por qué, oh Dios, no haces algo por estas personas? Dios responde: -ya hice algo, te hice a ti.*
>
> — Antiguo proverbio Sufi

Alguien le preguntó una vez a mi maestro espiritual cómo se podía medir el progreso espiritual de una persona. Él respondió: "sólo puedes medir esto a través de la periferia de su amor".

Si Dios es amor y la espiritualidad es el esfuerzo para permitir que Dios fluya a través de nosotros, cuanto más genuinamente espirituales seamos, más grande y más universal será nuestro amor.

Ley de *karma* y servicio

> *Ni el fuego ni el viento, ni el nacimiento ni la muerte pueden borrar nuestras buenas acciones.*
>
> — Buda

Muchas veces cuando hacemos algo por otra persona, nos imaginamos que ayudamos a alguien menos afortunado que nosotros y que tiene suerte de tenernos cerca. Pero en términos de *karma* la verdad es lo opuesto. En realidad somos los beneficiarios principales de nuestras acciones desinteresadas. La ironía es que si nuestra motivación principal es cosechar buenos *samskaras*, y no disminuir el sufrimiento, no tendrá el resultado deseado. Ustedes pueden engañarse a sí mismos o a otros, pero es un poquito más difícil engañar a Dios.

> *Me dormí y soñé que la vida era gozo. Desperté y vi que la vida era servicio, actúe y advertí que el servicio era gozo.*
>
> — Rabindranath Tagore

Uno de mis estudiantes relató un problema personal. Ya que no era la primera vez que me hablaba al respecto, me exasperé un poco y dije "¿por qué te estás quejando? ¡Eres tan afortunado! Eres un profesional sano, inteligente, altamente calificado, que gana mucho dinero. Eres buen-mozo, articulado, y tienes muchos amigos, lo malo es que siempre estás pensando en tus propios problemas. ¿Por qué no vas a algún lugar donde la gente no sea tan afortunada como tú, y los ayudas? ¿Por qué no vas a un país pobre y utilizas tus destrezas médicas para ayudar a la gente con problemas reales?".

Éste fue un arrebato inusual de mi parte y no esperaba que tomara mis palabras literalmente, pero me sorprendió para bien que, después de un corto tiempo, me dijera que iría a la India a trabajar como voluntario. Cuando volvió, seis meses más tarde, vi un cambio notable. Parecía mucho más feliz y me dijo: "Dada, me di cuenta de que la persona principal a la que ayudé todos esos meses fue a mí mismo".

La mejor forma de encontrarse a sí mismo es perderse en el servicio a los demás.
— Mahatma Gandhi

"Ama a todos, sirve a todos"

Éste es en realidad el lema publicitario del *Hard Rock Café*, una empresa puramente comercial hasta donde yo sé. Lo vi por primera vez en un anuncio de neón, y la ironía me sorprendió. ¿Servirles qué?, pensé: ¿Pizza y papas fritas? Un negocio no es un servicio. Servicio significa dar sin esperar nada a cambio. El término *industria de servicio* parece contradictorio.

Haz algo por alguien cada día, algo por lo que no te paguen.
— Albert Schweitzer

La mayoría de las personas sienten el deseo y la necesidad de ayudar a otros de alguna manera. Generalmente lo expresamos con nuestros seres amados, familia y amigos, incluso con nuestras mascotas. Pero también somos miembros de una familia más grande. Todos los seres vivos de la tierra somos hijos de la *Conciencia Suprema* y estamos conectados a un nivel más profundo. Si los demás están necesitados es una señal de conciencia espiritual que sintamos el deseo de ayudarles.

> La mayoría de las personas sienten el deseo y la necesidad de ayudar a otros de alguna manera.

El servicio puede tomar muchas formas. No hay necesidad de limitarlo a la caridad o al vecindario más cercano. Si realmente deseamos ayudar a la gente, debemos encontrar o descubrir qué requieren y tratar de intervenir. No tiene sentido ayudar a una ancianita a cruzar la calle sólo para descubrir que en verdad ella no quería cruzar, tampoco lo tiene tratar de convencer personas para que practiquen meditación cuando no tienen comida suficiente.

En los últimos años se ha debatido mucho sobre la efectividad de la ayuda a las naciones en vías de desarrollo. Los primeros esfuerzos fueron afectados adversamente por una actitud postcolonial condescendiente. La mala comprensión de las realidades locales dio lugar a una racha de costosos fracasos y a la creación de dependencias a largo plazo; los tractores generosamente donados a los campesinos yacen inactivos por la falta de repuestos y de conocimientos de mecánica; los fertilizantes o pesticidas que la gente local no podía pagar agotaron la tierra que había sido explotada orgánicamente por siglos; rivalidades, feudos y celos entre diferentes tribus fueron fomentadas sin intención por falta de sensibilidad y de investigación de los voluntarios. La lista de errores y desastres mostró claramente que aun con las mejores intenciones es más fácil dañar que beneficiar.

Los más recientes apoyos y esfuerzos para el desarrollo han sido mucho más exitosos. Actualmente hay más trabajadores sociales que ponen un empeño más consciente por entender la cultura local, respetar y consultar a los líderes locales y a la comunidad, además de incluir entre sus objetivos ser eventualmente autosuficientes, sin embargo, esto aún no llega a la raíz de la pobreza, que generalmente se debe a un tipo de injusticia económica.

Tomemos, por ejemplo, las políticas comerciales internacionales vigentes. Las reglas de comercio actual tienen sesgo, de tal manera que una vaca en Europa recibe más subsidios del gobierno diariamente que un individuo que pertenece a la mitad más pobre de la población de África. Los países pobres tienen una menor participación en el comercio mundial, y ésta ha disminuido casi a la mitad desde 1981, manteniéndose a sólo 0,4 %. Las Naciones Unidas estiman que si las reglas del comercio funcionaran para estos países, podrían recibir beneficios de más de 700.000 millones de dólares al año, catorce veces más de lo que los países en

> Una vaca en Europa recibe más subsidios del gobierno diariamente que un individuo que pertenece a la mitad más pobre de la población de África.

desarrollo reciben de ayuda anualmente y treinta veces la suma que gastan en el pago de sus deudas.

A largo plazo, en vez de dar caridad directamente a la gente necesitada, es más efectivo ayudarle a ser económicamente autosuficientes.

Ésta es la increíble historia de cómo un hombre que empezó prácticamente con nada cambió las circunstancias económicas de millones.

Muhammad Yunus fundó el Banco de Grameen, en Bangladesh, y ganó más adelante el Premio Nobel de la Paz. Hace 25 años enseñaba economía en una universidad mientras había un hambre terrible en el país. Él daba conferencias sobre una elegante teoría económica, y luego, camino a casa, pasaba delante de personas muriéndose de hambre. Habló entonces con la gente del lugar para averiguar cómo vivían. Conoció a una mujer que hacía taburetes de bambú; ganaba sólo $0.02 dólares al día porque no tenía dinero para comprar los materiales, así que el comerciante que se los proporcionaba le exigía que le vendiera los taburetes a bajo precio. El bambú para hacer uno costaba más o menos veinte centavos. Al principio Yunus pensó en darle a ella los veinte centavos, pero se le ocurrió una mejor idea: junto con uno de sus estudiantes, obtuvo los nombres de cuarenta y dos personas en esa villa en la misma situación. ¡El total requerido para hacerlos totalmente independientes de la explotación del comerciante eran tan sólo 27 dólares!, así que les prestó esa suma y les dijo que le podían pagar en cuanto les fuera posible. Cuando se dirigió a los bancos locales a pedirles su apoyo para expandir el proyecto, se rehusaron argumentando que esa gente pobre no era digna de crédito y que no pagaría el dinero prestado. Pero ellos sí pagaron, de modo que él agregó otra aldea y posteriormente una más. Después de rechazos constantes de los bancos para cooperar, empezó su propio banco de microcrédito con el auxilio del gobierno de la India.

Hoy en día el Banco Grameen es un banco de desarrollo de la comunidad que trabaja con más de 46.000 aldeas en Bangladesh y en la India. Desde 2008 han prestado más de 7.6 mil millones a los pobres, con préstamos que promedian menos de $200 cada uno. Su tasa de reembolso es mejor que la de los bancos comerciales.

Muhammad Yunus, un profesional en teoría económica no empezó este proyecto maravilloso con una teoría o un plan muy elaborados; simplemente vio la necesidad y decidió hacer algo.

Hagan todo el bien posible en todas las formas posibles para toda la gente posible mientras le sea posible.
— John Wesley

Cómo salvar al universo

No heredamos la tierra de nuestros ancestros, se la pedimos prestada a nuestros hijos.
— Proverbio de los indios Haida

Hace mucho tiempo, una anciana sabia de la tribu india *Cree* llamada "ojos de fuego" tuvo una visión del futuro. Vio la llegada del hombre blanco; vio que iba a declararle la guerra a su gente y a la tierra, a cortar los árboles, a sacrificar los animales y a envenenar el aire y las aguas. Al final de su visión vio a un grupo de personas de diferentes tribus, razas, naciones y religiones que se unirían y harían de la tierra un lugar verde nuevamente y los llamó "los guerreros del arco iris".

Parece que lo que estamos viviendo ahora es el periodo que ella anticipó. Lo leemos todos los días en los periódicos: cada vez más talas en la selva tropical de Brasil, hambre en África causada por sequías y guerras, la creciente crisis del agua, el calentamiento global que causa cambios en los patrones climáticos, y la mayoría de estos problemas se deben a la actividad humana.

Como un remanente de nuestro pasado animal acarreamos el instinto territorial y el instinto tribal. Somos una especie subdesarrollada emocional, moral y espiritualmente con un intelecto altamente desarrollado y su consecuente tecnología. Como tribus, al menos tenemos cierta clase de equilibrio. Pero hemos perdido contacto con nuestras raíces tribales y aún no hemos desarrollado un sistema más avanzado para reemplazarlas. Como sabes, esto nos ha llevado a un estado en el que estamos en peligro de destruir nuestro propio ambiente. Ya hemos destruido incontables especies y devastado inmensas áreas de nuestro planeta. Hemos establecido un sistema tan injusto que la riqueza de un individuo puede evitar la muerte de millones de niños y aun así, esta riqueza no se utiliza para este propósito.
— Conrad Lorenz

Mucha gente entiende que la humanidad se dirige hacia la autodestrucción, no obstante, tiene una sensación de

> **Toda acción que tomamos, todo pensamiento que flota en nuestra mente, toda palabra que mencionamos, crea ondas que agitan para siempre el exterior.**

impotencia para evitarlo. Continúan con sus vidas intentando no pensar en ello o salvando su conciencia con donaciones regulares a la caridad.

Sin embargo podemos hacer mucho más aun como pequeños individuos. Y si un número suficiente de nosotros hacemos lo que podemos, cambiaremos el mundo.

No voy a detenerme en detalle sobre las numerosas posibilidades que tenemos si queremos hacer la diferencia. Éste es un tema extenso y no se supone que éste sea un libro para cambiar el mundo. Aún así, de cierta manera lo es. No somos islas. Toda acción que tomamos, todo pensamiento que flota en nuestra mente, toda palabra que mencionamos, crea ondas que agitan para siempre el exterior. Un poder invisible nos conecta a todos, y si cambiamos también cambiaremos nuestro mundo.

Esto es lo que sabemos: la tierra no le pertenece al hombre, el hombre le pertenece la tierra. Todas las cosas están conectadas como la sangre que nos une a todos. El hombre no tejió la red de la vida, él es simplemente uno de los hilos. Cualquier cosa que haga en la red se lo hace a sí mismo.

— Jefe Seattle

Si el mundo debe cambiar, será la gente la que lo cambie. Gente como tú y yo. Gente que está motivada por el creciente sentimiento de amor universal, una urgencia incansable de hacer lo que se pueda para salvar nuestro bello planeta.

Esta es la verdadera felicidad en la vida, utilizarla para un propósito que sea importante para ti.

— George Bernard Shaw

John Robbins, el heredero de la inmensa fortuna de Baskin-Robbins, la cadena internacional de helados, tomó una decisión crítica hace algunos años. En el curso de enfrentar y superar una seria enfermedad, experimentó una transformación personal profunda. Salió de esta dura prueba con una nueva resolución. Renunció a su posición en la compañía y a la parte de la riqueza familiar que le correspondía y montó una campaña pública para que la gente tome conciencia de los efectos devastadores de la industria cárnica en América. A través de su libro clásico *Diet for a New America* y de la Earthsave Foundation,

> No es necesario ir a África o a Bangladesh para servir a nuestra comunidad. Algunas veces pequeñas cosas pueden cambiar la vida de la gente.

ha educado a millones de personas y su actitud ha influido fuertemente a la salud y al medio ambiente (www.earthsave.org), pero no es necesario ir a África o a Bangladesh para servir a nuestra comunidad. Algunas veces pequeñas cosas pueden cambiar la vida de la gente.

En 1980, una mujer en Sydney, Australia se empezó a preocupar por la soledad de las amas de casa de su comunidad. Las casas suburbanas de Australia son generalmente de un solo piso con un pequeño patio cercado. Ella se dio cuenta de que todas las cercas mantenían a la gente aislada, así que decidió hablar con cada uno de sus vecinos y les propuso que eliminaran las de la cuadra, de manera que pudieran encontrarse fácilmente y que sus hijos pudieran jugar seguros lejos de la calle sin que nadie tuviera que ir a abrir la puerta del frente. Tuvo que ser muy persuasiva, pero al final la gente aceptó, lo que les ayuda a tener una comunidad mucho más íntima, feliz y segura.

Una persona puede hacer la diferencia. Literalmente hay millones de historias como ésta, de individuos que no son desalentados por las fuerzas que se oponen, que son inspirados por su visión de la esperanza y que están actuando para crear un futuro más brillante para todos nosotros.

Si deseas obtener una imagen de la escala enorme del actual movimiento mundial para el cambio social, te recomiendo leer Blessed Unrest, de Paul Hawken, donde documenta la historia de lo que él describe como el movimiento social más grande en la historia del mundo.

El papel de un espiritualista en el mundo.

La rica tradición del yoga ha influido profundamente en la cultura india desde tiempos remotos. Esto nos presenta una paradoja aparente. Si el yoga es tan iluminado y práctico, ¿cómo es posible que la India sea en muchas formas un ejemplo tan pobre de lo que una sociedad espiritual debe ser? Es una tierra plagada de conflictos interreligiosos, injusticias económicas, abusos de los derechos humanos y lucha entre castas. Difícilmente es el brillante Shangri La que ustedes esperarían que fuera la patria de la gloriosa tradición del yoga.

La triste verdad es que en el campo de la justicia social, India se ha alejado del ideal yóguico, del *Dharma* simbolizado como la rueda en su bandera nacional. Aunque es claramente visible todavía, su rica cultura espiritual ha sido enormemente socavada por la propagación de dogmas religiosos, las injusticias divisorias del sistema de castas y la oleada de invasiones y ocupaciones, (las más recientes de los mogoles y los británicos).

Además de esto, los yoguis indios se retiran a *ashrams* en los Himalayas para meditar, descuidando a la sociedad en la que nacieron, lo que se ha convertido en una fuga de cerebros espirituales, en donde la misma gente que pudo haber desarrollado la conciencia de la gente y popularizado una visión más compasiva del mundo, decidió dejarlo todo atrás. Este aislamiento no concuerda con el espíritu original del yoga, que aboga por una vida equilibrada y no sugiere que debamos dejar la sociedad para buscar la paz espiritual. Por el contrario, hace hincapié en el deber especial de un espiritualista de ser un ejemplo en la sociedad y de ayudar a la gente a vivir de acuerdo con sus valores espirituales.

> El yoga hace hincapié en el deber especial de un espiritualista de ser un ejemplo en la sociedad y de ayudar a la gente a vivir de acuerdo con sus valores espirituales.

Todo lo que es necesario para que el mal triunfe es que la gente buena no haga nada.

— Edmund Burke

Crecí durante la Guerra Fría y me involucré en el movimiento por la paz desde los cinco años. Para ser honesto eran mis padres quienes estaban involucrados y yo los seguía. Pero cuando tenía doce años había llegado más o menos a la conclusión de que la humanidad iba a destruir al mundo con una guerra nuclear y yo no veía que pudiera hacer algo al respecto; entonces dejé de leer periódicos y me interesé poco en los asuntos mundiales. Me pareció que los informes diarios de la locura de la humanidad eran muy deprimentes y me sentía impotente para detenerla.

Entonces cuando tenía 19 años entendí que existe una energía mayor en el universo que la que manejan los simples mortales, lo cual despertó en mí una gran esperanza. Me di cuenta que quería ser un yogui.

Descubrí algo que dio a mi vida un propósito más elevado: el sendero espiritual de la propia perfección.

Pero sólo sentí que mi búsqueda se había completado cuando encontré una filosofía que mezclaba el misticismo

> Sólo sentí que mi búsqueda se había completado cuando encontré una filosofía que mezclaba el misticismo oriental del yoga con las filosofías ambientales y humanistas de Occidente.

oriental del yoga con las filosofías ambientales y humanistas de occidente. No sólo hallé un significado personal, sino que mi conciencia social (que nunca había estado muerta, sino sólo descansaba), despertó nuevamente. Descubrí fe fresca en el espíritu humano, en la bondad innata de la gente y en el poder de los individuos para hacer una diferencia.

Mundo imaginal

> Todos podemos volvernos "imaginales", y como 1000 millones de células brillantes inspiradas por amor, podemos utilizar nuestros poderes creativos para lograr una era de paz y buena voluntad en la tierra.

Imaginales son las células únicas que transforman orugas en mariposas. Creo que esto es bastante poético para un término científico, pero se está volviendo una metáfora popular para el proceso de transformación de nuestro mundo en un ambiente de amor, armonía y justicia. Creo que todos podemos volvernos "imaginales", y como 1000 millones de células brillantes inspiradas por amor, podemos utilizar nuestros poderes creativos para lograr una era de paz y buena voluntad en la tierra, lo cual ya está sucediendo.

Tengo un amigo noruego que ha pasado muchos años construyendo suministros de agua para áreas pobres en Ghana. Hoy en día el proyecto abastece agua fresca a más de 16.000 habitantes y ha transformado completamente sus vidas. Ahora los aldeanos manejan y mantienen todo ellos mismos. Mi amigo vive en condiciones físicas difíciles, inimaginables para la mayoría de los noruegos, pero insiste que éste es el momento más feliz de su vida.

Otra colega de Australia abrió una casa para niños en Mongolia hace 10 años. Ahora cuida a más de 100 niños abandonados.

Ambos son personas que podemos designar como "imaginales". Sin embargo, esta gente no empezó con mucho dinero o destrezas especiales. Un verdadero "imaginal" posee algo mucho más valioso: un sentimiento de amor universal y voluntad para sacrificar su comodidad, energía y tiempo por otros. Con este espíritu, incluso una persona puede lograr una diferencia enorme.

Quizá también tú conoces a algunos. Después de todo, cualquiera se puede convertirse en uno, incluso tú. Si quieres aprender más sobre lo que la gente "imaginal" está haciendo hoy en día, echa un vistazo a este sitio web: www.ImaginalWorld.com

También encontrarás los sitios web de mi amigo noruego y mi amiga australiana accediendo a los siguientes enlaces:

http://www.africa.amurt.net/ghana/

http://www.anandamarga.org/service/childrens-homes2.htm

No somos partículas de polvo impotentes girando en el viento, sopladas por un destino casual. Somos, cada uno de nosotros, como hermosos copos de nieve, únicos y nacidos para una razón y un propósito específicos.
— Elizabeth Kubler-Ross

La hermosa revolución

Construir cualquier cosa siguiendo las líneas del humanismo requiere la fundación de un verdadero amor por la humanidad. Una verdadera sociedad benevolente nunca caerá bajo el liderazgo de aquellos que sólo están preocupados por las ganancias y las pérdidas. En donde el amor es supremo, no surge la cuestión de la pérdida y la ganancia personal. El ingrediente básico para construir una sociedad sana es simplemente el amor.
— Shrii Shrii Anandamurti

Hay un tipo de servicio que no siempre es apreciado, pero cuyos efectos probablemente son los que más alcance tienen. Si podemos ayudar a otros a darse cuenta de su propio potencial espiritual y a despertar su amor por la humanidad, habremos despertado una fuerza que no se desvanece, sino que crece y se multiplica esparciendo buena voluntad y buenas acciones a través del tiempo inconmensurable.

Piénsalo. Tú o yo solos podemos hacer un tanto. Pero si logramos fomentar en los demás la conciencia de que son miembros de la familia universal, y si un número suficiente de personas siente esto en su corazón podemos crear un verdadero cielo en la tierra.

Tú ves cosas que existen y preguntas: ¿por qué? Pero yo sueño cosas que nunca fueron y pregunto ¿por qué no?
— George Bernard Shaw

Enseñé meditación a un hombre involucrado en política radical durante toda su vida. Empezó en el Partido Comunista y posteriormente migró al movimiento de la paz. Era un hombre de buen corazón ansioso por aliviar el sufrimiento humano. Sentía que era importante concentrarse en las causas de nuestros problemas con el fin de encontrar una solución duradera. Para él aprender meditación fue una desviación considerable de su forma normal de pensar. Tuvimos una profunda discusión así que le hablé de la *hermosa revolución*.

La *hermosa revolución* concibe una sociedad que promueve el bienestar humano, la iluminación y la felicidad duraderas: sistemas educativos rediseñados para hacer del aprendizaje más un gozo que una obligación, restaurar el lugar de la cultura como un logro estético inspirador, más que como una mera avenida hacia el comercio; dar a nuestras instituciones políticas y económicas un papel más noble que garantice a todos la justicia, y crear instrumentos para la formación de una sociedad ecológicamente sostenible basada en valores espirituales y humanitarios.

> Todavía recuerdo la expresión de sorpresa en su cara mientras me decía: "esto es realmente revolucionario".

Nuestra discusión fue extensa y profunda, ya que ambos consideramos cómo sería el mundo si nos tratáramos unos a otros como miembros de nuestra propia familia. Cuando, finalmente, salimos de nuestra visión beatífica, mi nuevo amigo me miraba con asombro. Todavía recuerdo la expresión de sorpresa en su cara mientras me decía: "esto es realmente revolucionario".

> *La llama de una lámpara enciende innumerables lámparas. El toque de una gran personalidad despierta innumerables corazones dormidos. De la misma forma, el brillo eterno de la ilimitada energía vital de la Conciencia Cósmica ha iluminado la lámpara de la vida del humanismo universal desde tiempos inmemorables. Lo ilumina ahora y lo hará en el futuro aún más intensamente. Esto es por lo que digo, el futuro de la raza humana no es oscuro, más bien es resplandeciente. Así que sigan adelante e ignoren el ceño fruncido de la oscuridad.*
> — Shrii Shrii Anandamurti

Prueba esto

- Cierra los ojos e imagina que eres una célula en el gran cuerpo de la humanidad, que se está desarrollando, esforzándose para expresar su potencial ilimitado por el amor y la conciencia. Como una célula "imaginal", inteligente, autoconsciente, puedes contribuir a este despertar. Con la manera en que vives, tú puedes crear algo hermoso para compartirlo con todos.

- Pregúntate: ¿cuál es mi papel en este proceso de despertar, al tiempo que nuestra especie sorprendente da sus primeros pasos infantiles a una nueva era de paz, amor y justicia?
- Piénsalo por unos momentos. Deja que tu imaginación corra libremente, no te limites con ideas de qué es o no posible. Deja que tu visión se desarrolle sin límites. Toma tu tiempo.
- Abre los ojos.
- Escribe tus pensamientos en tu registro.
- Puede ser que quieras enviar lo que has escrito a alguien que esté cerca de ti. Me honraría si me enviaras algunos de tus pensamientos como "imaginal". Pero es más importante guardarlos para ti y revisarlos a menudo para tu propia inspiración.

Samgacchadvam

Vayamos juntos cantemos juntos
Conozcamos juntos nuestras mentes
Compartamos como los sabios antiguos
Para que toda la gente goce el universo
Unida nuestra intención
Que nuestros corazones sean inseparables
Una nuestra mente
Como nos conocemos nos unificamos
— Rigveda (12,000 a.c.)

Apéndice A. Pasos siguientes en tu viaje

Aprendiendo a meditar

A partir de aquí, ¿a dónde vas?

Tienes varias opciones: puedes leer más libros, asistir a una clase de meditación, empezar a practicar la meditación enseguida, buscar un profesor personal. Si te inspira comenzar la práctica ahora, adelante, pero creo que para obtener los mejores resultados necesitas instrucciones personales, por lo mismo, mi recomendación es que encuentres un maestro que te guíe en los principios de la meditación. Sin embargo, si no puedes hacer esto, hay algo que puedes probar hasta que encuentres al maestro adecuado.

Técnica introductoria de la meditación

En el sistema de meditación Ananda Marga, generalmente utilizamos un *mantra* personal. Sin embargo, hay un *mantra* universal que enseñamos como una técnica introductoria. El *mantra* consiste de tres palabras en sánscrito: **Baba Nam Kevalam**.

- **Baba** significa 'amado' y se refiere a tu *yo* más profundo, la *Conciencia Infinita* o *Conciencia Suprema*.
- **Nam** significa 'nombre' o 'vibración' y
- **Kevalam** significa 'sólo'.

El significado literal del *mantra* es 'sólo el nombre del más amado', pero algunas personas encuentran más fácil enfocarse en el significado implicado, o interior, del *mantra*, es decir, todo es una expresión de la *Conciencia Infinita* y nuestra propia conciencia es un reflejo de eso. Dicho de forma más simple: *todo lo que hay es amor* o *todo es uno*.

Intenta sentir que la *Conciencia Infinita* es todo lo que existe y que su naturaleza es amor, dicha y paz perfecta. Siente que no hay nada y nadie más cercano a ti que esa entidad de perfecto amor. Es importante mantener la idea del *mantra* en tu mente mientras repites las palabras en sánscrito: **Baba Nam Kevalam**. Para tener una idea más clara de esto echa un vistazo nuevamente al capítulo de *mantra*.

Probablemente, la manera más fácil de entrar a la meditación será utilizar las grabaciones de meditación guiada incluidas en este libro.

Siéntate cómodo, con la espalda recta. Puedes hacerlo en el suelo, probablemente con un cojín, lo recomiendo. Pon la grabación, cierra los ojos y sigue la meditación guiada. Una vez que te acostumbres, puedes comenzar tu práctica omitiendo la sección de meditación guiada de la grabación, pero siempre es bueno escuchar o cantar el *mantra* antes de meditar.

Si tu mente divaga en otros pensamientos, sólo llévala de nuevo al *mantra*, y si vuelve a hacerlo, llévala otra vez. ¿Recuerdas lo que dije respecto a entrenar un perro?: La repetición es la clave.

Pensar en el significado del *mantra*, nos ayuda a enfocarnos más en el sentimiento que en los pensamientos. A menudo les digo a mis estudiantes: "no pienses, sólo siente". La *Conciencia Infinita* es una idea que expande la mente, pero en ocasiones puede parecer muy abstracta.

Prueba esto.

Recuerda que todo el amor, paz y felicidad que has sentido provienen de ti.

- Tu objeto en la meditación es conectarte con la fuente de los sentimientos que dan significado a nuestra vida. No estás meditando en nada más que en tu propio "ser" más interno.
- Haz meditación dos veces al día: en la mañana después de despertar y en la tarde, justo antes de la cena. Si puedes incorporar la meditación a tu rutina diaria estás en el camino al éxito.

Sin embargo, debo enfatizar que es mucho mejor, y más fácil, entender la meditación si tienes el estímulo y la dirección de un profesor experimentado y practicas con un grupo. Si quieres hacer contacto con el centro de meditación Ananda Marga más cercano, ve a www.anandamargamx.com donde encontrarás los centros que están cerca de ti. Siéntete en libertad de escribirme a nabhaniilananda@eternalwave.com

Apéndice B. Recomendaciones prácticas para mejorar tu meditación

1. Minimiza interrupciones

Apaga tu teléfono, cierra la puerta, cierra los ojos y deja al mundo ordinario atrás. Esto tiene un tremendo impacto psicológico. Si al meditar una parte de tu mente está escuchando el timbre de la puerta, está lista para responder el teléfono si suena o para salir si alguien habla, será muy difícil concentrarte. Entrégate por completo a la tarea; haz saber a la gente que te rodea que es importante para ti. Aprenderán a respetarlo también. Establece inmediatamente que durante este periodo de tiempo no deseas ser molestado. Haz todos los arreglos necesarios (intercambios para cuidado de los niños, arreglos de mensajes de teléfono, etc.), te sentirás más libre y más feliz durante tu meditación.

2. Medita a la misma hora del día

Los meditadores experimentados dicen que si meditan siempre a la misma hora, por ejemplo, a las 6:00 am y 5:30 pm, cuando llega esa hora del día desean meditar. Los momentos óptimos son al amanecer para ajustarte y cargar energía para iniciar el día y al atardecer para establecer ritmo y armonía en tu vida. El efecto del *mantra* en un nivel más profundo dura aproximadamente doce horas, de manera que si meditas dos veces al día el efecto sutil del *mantra* durará toda la jornada.

Si deseas explorar la meditación sinceramente es importante establecer un hábito de meditación regular. La meditación dos veces al día nos conecta con los ritmos diarios del mundo.

Las personas que empiezan a meditar, frecuentemente informan que se les dificulta encontrar tiempo para su práctica. Escribe tu programa diario y después haz una lluvia de ideas (imagina posibilidades y enumerando la mayor cantidad que puedas) de las distintas formas para encontrar el tiempo necesario, esto puede ayudarte a superar esta brecha. Los meditadores experimentados informan que las horas de sueño necesarias se reducen considerablemente (debido al estado profundo de reposo psicológico durante la meditación), de esta manera muchos ganan de 1 a 3 horas de tiempo útil.

3. Dos veces al día en forma invariable

Esta es la clave para el éxito en la meditación. Si se desea sinceramente explorar sus alturas y profundidades, es importante establecer el hábito de nunca faltar a tus prácticas. La meditación puede igualarse a una bella cadena. Cada día agregamos eslabones delicados; el efecto total es un instrumento fuerte y útil. Pero si faltamos a una sesión creamos un eslabón faltante. Para fortalecer la mente, trata de no perder una sola. Sé inflexible. Incluso en una emergencia, es posible realizarla por cinco o diez minutos. Al principio, puede representar un esfuerzo pero a la larga se vuelve tan natural como cepillarse los dientes.

4. Medita en el mismo sitio

Organiza una esquina o incluso una pequeña habitación para meditar. Manténla limpia y fresca e intenta hacerlo ahí siempre. Encontrarás que este lugar especial desarrolla un significado profundo para ti. Cuando vayas a este espacio en tu mente, desearás meditar. Realmente puedes sentir esto si meditas en un sitio en donde un gran yogui ha meditado por muchos años. Por supuesto, puedes realizar tu practica en cualquier lugar: en una oficina, en un auto, en el autobús, afuera, pero ayuda, sobre todo al principio, el tener un lugar tranquilo y especial.

5. Medita con un estómago ligero

Después de comer las energías del cuerpo se dirigen hacia los procesos digestivos a expensas del proceso mental (piensa en la lentitud después de una comida pesada). Meditar con el estómago vacío ayuda porque la meditación requiere estado de alerta, concentración, energía mental y vigilia. Si estás realmente hambriento toma un vaso de jugo o leche o come ligero, de otra manera, tu meditación puede ser distraída.

6. Medita en una postura cómoda y erguida

Cuando la meditación procede correctamente hay un flujo de energía ascendente a través de la columna vertebral. Estar encogido o encorvado impide dicho flujo, afecta la respiración y disminuye la alerta mental, por lo que es importante estar sentado lo más recto posible. Una superficie firme ayuda. Ligeros estiramientos o calentamiento preparan el cuerpo para meditar. Algunas personas encuentran que poner una pequeña almohada bajo su asiento alivia la presión en las rodillas y da una mejor postura al elevar la columna vertebral.

Puedes hacerlo también sentado en una silla. Es importante estar cómodo para que tu mente esté libre y pueda concentrarse en el proceso.

APÉNDICE B: RECOMENDACIONES PRÁCTICAS

Muchas personas se sorprenden al descubrir lo relajados y flexibles que pueden estar en tan sólo unas cuantas semanas al hacer algunos estiramiento y calentamientos para aflojar el cuerpo y meditar dos veces al día sentados en una buena postura.

7. Rodéate de buena compañía

Uno de los más grandes apoyos a través de los altibajos de tu crecimiento espiritual es el tiempo que compartes con otros que caminan por el sendero de la meditación. Las prácticas semanales en grupo son extremadamente importantes para el meditador comprometido.

Conferencias, seminarios, clases y retiros de Ananda Marga ofrecen a los meditadores la posibilidad de meditar con otros, sumergirse en sus prácticas espirituales y aprender más acerca de la filosofía del yoga.

8. Lee libros que eleven el espíritu

El intelecto, que con la práctica se mantiene tranquilo durante la meditación, también requiere tiempo para el crecimiento y el desarrollo. Por lo tanto, se recomienda que apartes un momento del día para leer libros que eleven el espíritu. Después de meditar, toma unos cuantos minutos para ello, pues la mente está clara y tranquila y absorbe más fácilmente las ideas. El Apéndice D incluye una lista de lecturas recomendadas.

9. Habla con un maestro de meditación

Soy uno de más de 1200 maestros que trabajan en el movimiento espiritual Ananda Marga, que significa '*el sendero de la bienaventuranza*' y es una asociación configurada con el propósito de propagar las prácticas de meditación, yoga y servicio social. Encontrarás más al respecto en el sitio www.anandamargamx.com

En nuestro sistema un maestro se conoce como *acharya*: '*el que enseña con el ejemplo*'. Si hablas con uno de ellos obtendrás respuestas a tus preguntas sobre la meditación y recibirás una instrucción personal sin costo. Los miembros locales de Ananda Marga saben cuándo vendrán *acharyas*, y qué tipo de actividades están planeadas (conferencias, meditaciones en grupo, etc.) durante su visita.

10. Persevera

Las experiencias varían al principio de la meditación. Algunos la disfrutan inmediatamente, otros pueden sentirse desalentados o frustrados si los primeros resultados no cumplen con sus expectativas o esperanzas. Pueden sentir que es su culpa, e incluso renunciar a la práctica con un sentimiento de fracaso o inferioridad. Cada meditador ha lidiado con esto en cierta manera. Es de gran ayuda saber que otros también pueden tener experiencias similares y comprender lo que está sucediendo en este momento. Especialmente al principio, la mente puede parecer descontrolada. El gran yogui Ramakrishna una vez dijo: "La mente es como un mono borracho picado por un escorpión". Puedes descubrir cuando te sientas a meditar que muchos pensamientos surgen en tu mente; activas tu *mantra* y después deambulas a algo más. Sonidos y ruidos desvían tu concentración interna y tu cuerpo se vuelve inquieto. En ocasiones como ésta, uno se puede desanimar fácilmente y pensar que nada está sucediendo. Sin embargo, muchos de los beneficios de la meditación provienen de la profundidad de la mente y no se muestran de inmediato. Al llevar tu mente de regreso al *mantra* de manera constante, fortaleces tu capacidad para mantenerla en calma. Si tienes la determinación de pasar a través de cualquier dificultad inicial, serás recompensado ampliamente.

Reimpreso con permiso de Ananda Marga

Apéndice C. Astaunga yoga ocho etapas a la perfección

La meta del *Tantra Yoga* es lograr una felicidad plena y el método para alcanzarla se encuentra en el desarrollo completo de mente, cuerpo y espíritu. Los animales se desarrollan naturalmente a través del proceso de evolución, pero para nosotros, seres humanos conscientes de nosotros mismos, *Tantra* establece un método bien definido para acelerar nuestro desarrollo. Esta práctica consta de ocho partes, ya que su meta es la unión (yoga) con la *Conciencia Cósmica*, también se conoce como *astaunga yoga*, o *yoga de ocho ramas*.

Las primeras dos etapas son *Yama* y *Niyama*, un conjunto de diez principios éticos para el desarrollo humano. La idea es que al controlar nuestro comportamiento logramos un estado superior del ser. No es simplemente seguir una regla por sí misma; su objetivo es alcanzar la perfección de la mente. Cuando este estado de perfecto equilibrio se alcanza, entonces no es cuestión de "reglas", debido a que el deseo de hacer daño ya no estará presente en la mente.

1. Yama. Pautas éticas

a) Ahimsa: "No dañes a otros en pensamiento, palabra y acciones". Este principio en ocasiones se interpreta como la no violencia completa, pero de hecho es imposible de seguir si se toma literalmente. Por ejemplo, cada vez que respiramos, inhalamos y exterminamos microbios. Para vivir tenemos que comer algo vivo. En este caso, el espíritu de *ahimsa* es seleccionar organismos cuya conciencia es menos desarrollada en vez de exterminar a criaturas altamente desarrolladas.

Otra duda que surge es la del derecho a la defensa propia. Ahimsa dice que defenderse a sí mismo o a otro contra un agresor es justificable. E incluso si utilizas fuerza, tu intención es salvar y proteger la vida, no provocar daño.

b) Satya: "Acción de la mente y el uso del habla en la esencia del bienestar". Decir la verdad y actuar para promover el bienestar de todos. En casos en donde decir literalmente la verdad dañará a otros, entonces *satya* significa que debemos decir lo que es mejor para el bien de los otros, sea o no la verdad literal. Cumplirlo produce tremenda fuerza en la mente y es extremadamente importante para el éxito espiritual.

c) Asteya: "No robar". No tomar las posesiones de otros o incluso considerarlo. Aquellos que desean robar pero se frenan por temor a ser atrapados están robando "mentalmente". *Asteya* significa frenarse tanto de robo mental como físico.

d) Brahmacarya: "Permanecer conectado a *Brahma* (la *Conciencia Cósmica*) al tratar a todos los seres y cosas como una expresión de la *Conciencia Cósmica*". La mente toma la forma del objeto de nuestro pensamiento. Nosotros realizamos todas las acciones, recordando que todo en este mundo es la *Conciencia Cósmica* en un estado transformado, por lo que la mente se desplazará hacia un estado de unidad con ella. En algunos libros, *Brahmacarya* se ha descrito como abstinencia sexual, pero ésta es una distorsión de la idea que se propagó en la Edad Media por los sacerdotes hindúes que deseaban obtener supremacía sobre la gente de familia.

e) Aparigraha: "No acumular riqueza que sea superflua para nuestras necesidades reales". Vive una vida simple con tanta riqueza física como sea realmente necesario. Es un principio importante tanto en la vida individual como colectiva, pues si una persona o una nación acumula riqueza que no necesita, puede dar lugar a escasez y miseria para otros. Ayuda a la práctica espiritual debido a que libera la mente de la preocupación por objetos materiales.

2. Niyama. Autorregulación

a) Shaoca: "Pureza de mente y cuerpo". Incluye limpieza del mundo externo, tal como el cuerpo, la ropa y el ambiente, así como de la mente. La pureza del pensamiento puede lograrse por autosugestión (sustitución de un buen pensamiento en lugar de un pensamiento negativo).

b) Santosa: "Mantener un estado de tranquilidad mental". El deseo crea un estado de inquietud. Al satisfacerlo, el momento de alivio que sentimos se denomina *tosa* en sánscrito. Aquellas personas que se satisfacen fácilmente y permanecen contentos están siguiendo *Santosa*.

c) Tapah: "Experimentar dificultad en el sendero del desarrollo personal y colectivo". Actuar con espíritu de servicio a beneficio de otros sin esperar nada a cambio es *Tapah*. En el pasado algunos aspirantes espirituales se imponían austeridades y penitencias infligidas por sí mismos, como caminar sobre fuego, pero estas austeridades no proporcionan beneficios al aspirante, a la sociedad o la *Conciencia Cósmica*, así que no ayudan en el avance espiritual.

d) Svadhyaya: "Tener una comprensión clara de un tema espiritual". Debes leer y asimilar el significado de libros grandiosos escritos por personas espiritualmente avanzadas. La simple lectura sin comprensión no es *Svadhyaya*. La importancia de *Svadhyaya* es que nos pone en contacto con grandes personalidades y nos inspira a continuar en la trayectoria de la realización personal.

e) Iishvara Pranidhana: "Hacer de la *Conciencia Cósmica* la meta de nuestra vida". Esto se realiza a través de la meditación espiritual.

3. Asanas. Posturas de yoga

Son posturas realizadas en forma cómoda. Esta es la parte más conocida del yoga, pero su propósito a menudo se entiende mal. Asanas no es lo mismo que calistenia o gimnasia. Las posturas de yoga regulan la función del cuerpo, afectando las glándulas endocrinas, órganos internos, articulaciones, músculos, ligamentos y nervios. Prescritas adecuadamente, se emplean en la prevención de muchas enfermedades mentales y físicas, y su práctica regular frena el proceso de envejecimiento. Su objetivo es mantener la flexibilidad y la buena salud. Al equilibrar nuestras secreciones hormonales, crean un estado de equilibrio y calma mental, preparando al cuerpo para la meditación.

4. Pranayama. Control de la energía vital

Es una práctica muy conocida del yoga, pero el principio en el cual se basa no se comprende extensamente.

Tantra define la vida como el paralelismo de ondas físicas y mentales en adecuada coordinación con las energías vitales, que se conocen como vayus o "vientos". Hay diez vayus en el cuerpo humano que son responsables por las actividades de movimiento, incluyendo respiración, circulación de la sangre, excreción de desechos, movimiento de las extremidades, etc. El punto de control de todos estos vayus es un órgano conocido como pranendriya que como los *cakras*, no es un órgano anatómico. Tiene la función de vincular los diversos órganos sensoriales con un punto en el cerebro. Se ubica en el centro del pecho y pulsa en sincronía con el proceso de la respiración. Cuando hay una rápida pulsación en la respiración y también de pranendriya, es más difícil que la mente se enlace con percepciones sensoriales. Por ejemplo, si corres una carrera de 1000 metros, no puedes comer inmediatamente algo y reconocer el sabor de lo que has comido debido a la rápida respiración y al funcionamiento perturbado de pranendriya. Durante la respiración rápida se vuelve más difícil concentrarse.

Ejercicios de *pranayama* avanzados involucran un proceso de respiración especial en el que su pulsación se vuelve tranquila y la mente se calma. Esto ayuda a la meditación. *Pranayama* también reajusta el balance de la energía vital en el cuerpo. Sus ejercicios avanzados incluyendo la respiración alternada con las fosas nasales y retener la respiración pueden ser peligrosos si no se enseñan con la guía de un maestro competente. Éstos no deben ser practicados por los meditadores principiantes.

5. Pratyahara. Abandono de los sentidos

El retirar la mente de su conexión con objetos externos es una etapa importante hacia la meditación profunda. Practicarla regularmente puede llevarte a un profundo estado de paz interior.

6. Dharana. Concentración

En técnicas de meditación personalizadas, al practicante se le enseña a concentrarse en un punto particular, lo que ayuda enormemente para enfocar la mente. También hay métodos más avanzados de *dharana* y mostrados en *Tantra*, que involucran concentración en diferentes puntos y colores. Estas técnicas ayudan al meditador a controlar las propensiones mentales gobernadas por los diferentes *cakras*, así como a aumentar la concentración.

7. Dhyana. Meditación espiritual

Hay diferentes formas de *dhyana*. Cuando los maestros tántricos de la India llevaron esta técnica a China se conoció como *Chan*, y cuando se llevó a Japón a través de Corea, finalmente se conoció como *Zen*. Aunque hay diferencias importantes entre la meditación zen contemporánea y *dhyana* como se practica por los maestros tántricos en la India, la enseñanza raíz es la misma. *Dhyana* ayuda a perfeccionar la capa más sutil de la mente y lleva a la persona a la etapa final de *astaunga yoga*, *samadhi*.

8. Samadhi. Trance espiritual

Se diferencia de las otras siete etapas en que no es un método o práctica particular, más bien es el resultado de practicar las otras partes de *astaunga yoga*. Es la absorción de la mente en la *Conciencia Suprema*. Hay dos formas principales de *Samadhi*: *Nirvikalpa* y *Savikalpa*. Ésta ultima es un trance de absorción con distorsión o calificación. En *Savikalpa Samadhi* la persona tiene la sensación de "yo soy la Conciencia Suprema", pero en *Nirvikalpa Samadhi* no hay más una sensación de *yo*. La *conciencia individual* se funde totalmente con la *Conciencia Cósmica*.

Aquellos que experimentan *Nirvikalpa Samadhi* no son capaces de explicarlo o describirlo debido a que ocurre cuando la mente ha cesado de funcionar. La única forma en la que puedan saber que han experimentado este estado es después de que la mente regresa de este trance de absorción. Entonces experimentan ondas de felicidad extrema y comprenden que estuvieron en dicho estado. El alcanzar *Nirvikalpa*

Samadhi viene después de millones de años de evolución y prolongado esfuerzo espiritual. Es la fusión final con la fuente de todo ser y la meta final de meditación.

Adaptado de *The Wisdom of* Yoga, por Acarya Vedaprajinananda Avadhuta

©1990 Ananda Marga Publications, todos los derechos reservados.

Apéndice D. Lista de lecturas recomendadas

Algunos de mis libros favoritos

Aquí hay una selección de meditación, misticismo y espiritualidad. Algunas de estas son biografías o novelas más que trabajos filosóficos.

- *Filosofía elemental* –Shrii Shrii Anandamurti
- *Mas allá de la mente superconsciente* – Didi Ananda Mitra

Generalmente disponibles a través de distribuidores populares como www.amazon.com:

- *Historias de un maestro tántrico* – Devashish Acosta
- *The Unity Principle* – Steven Richheimer
- *Autobiografía de un yogui* – Paramahansa Yogananda
- *Siddhartha* – Herman Hesse
- *El pobre de Asís* (biografía de San Francisco de Asís) – Nikos Kazantzakis
- *Milarepa, Tibet's Greatest Yogi*
- *La conciencia sin fronteras* – Ken Wilber
- *El tao de la física* – Fritjof Capra
- *Mente Zen, mente de principiante* – Shunryu Suzuki
- *Ramakrsna: Life of Ramakrsna* – Christopher Isherwood

Sitios de la web para echar un vistazo

www.imaginalworld.com — Éste es mi sitio web. Allí podrás encontrar más libros y música de mi autoría o escuchar gratis las serie de entrevistas con algunos de los pensadores progresivos, creativos y espirituales destacados en la actualidad.

www.themonkdude.com — Éste es mi sitio personal.

www.anandamargamx.com — En este sitio web puedes encontrar información sobre actividades de yoga, meditación, desintoxicación yoguica, talleres y retiros.

www.amurt.net — Este sitio presenta proyectos de servicio social, educación y desarrollo de Ananda Marga en todo el mundo.

Glosario de términos en sánscrito

Atman: Alma individual o conocimiento.

Cakra o Chakra: Punto de control de ciertas glándulas y energía vital del cuerpo. Hay siete *cakras* principales sobre la columna vertebral. Éstos también son los puntos de encuentro del flujo de la energía vital que fluye a través del cuerpo.

Karma: Significa literalmente 'acción'; a menudo se confunde con *samskara*. *Karma* a menudo se confunde con la Ley del *Karma*, que se refiere a la acción y reacción.

Kundalinii: Potencial espiritual latente del individuo. Normalmente reside durmiente en la base de la columna hasta el momento del despertar espiritual. A menudo se representa con la forma de una serpiente enrollada.

Mantra: Una palabra o grupo de palabras que cuando se repiten en voz alta o mentalmente durante la meditación, facilitan el despertar de la conciencia espiritual. El *mantra* sólo es realmente efectivo si el significado también se mantiene en la mente.

Paramatman: Alma suprema o conocimiento, el papel del testigo del universo.

Prana: Fuerza de vida o energía vital denominada *Chi* en chino, o *Ki* en japonés. Hay tres canales principales sobre la columna vertebral a través de los cuales fluye *prana*: uno recto que asciende por el centro y los otros dos empiezan detrás de cada fosa nasal y entretejen su recorrido en ambos sentidos a través de la médula espinal, cruzando cada uno de los 5 *cakras* inferiores.

Samadhi: Trance de absorción; la mente individual se fusiona con la Mente Cósmica.

Samskara: Reacción potencial a las propias experiencias y acciones, almacenada en la mente. A menudo se confunde con *karma*.

Sanskrit (Sánscrito): Lenguaje antiguo de los Vedas, que está compuesto de los 50 sonidos que correlacionan con los 50 *vrittis* de la mente humana. Los *mantras* de meditación usualmente están en lenguaje sánscrito.

Vrittis: Propensiones mentales. Hay 50 deseos, emociones y tendencias de la mente humana: amor, odio, pena, enojo, temor, pesar, hambre, nostalgia espiritual, por nombrar unos cuantos.

Kit casero de estudio de meditación
– oferta especial

Desde la publicación de la primera edición de Cierra los ojos y abre tu mente en 2005, he recibido muchas solicitudes de alguna clase de libro de trabajo para ayudar a la gente a establecer una práctica regular en casa. Cuando empecé a trabajar en esto me di cuenta de que es una gran idea y me emociona anunciar que acabo de completar el Kit Casero de Estudio de Meditación Cierra los Ojos y Abre Tu Mente.

Este paquete incluye:

- El libro Cierra los ojos y abre tu mente.
- Un libro de trabajo de 100 páginas que comprende 8 módulos, uno por cada capítulo, lleno de ejercicios y asignaturas diseñadas para ayudarte a hacer de la meditación una práctica diaria.
- Una serie de 8 grabaciones de meditación guiada ilustradas en 4 CDs.
- Una versión en audio del libro Cierra los ojos y abre tu mente.
- El CD perfecto para crear el estado de ánimo para tu meditación.
  Las mejores melodías de cantos espirituales en el mundo – al menos en mi opinión. Estos son mis favoritos del increíble guitarrista noruego Sukha Deva.

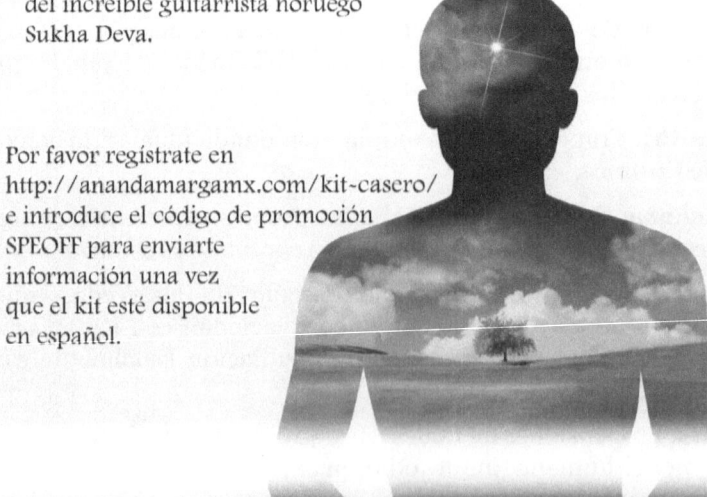

Por favor regístrate en http://anandamargamx.com/kit-casero/ e introduce el código de promoción SPEOFF para enviarte información una vez que el kit esté disponible en español.

Meditación Guiada
Descargar CD

Meditación del amanecer y meditación del atardecer
incluyendo música de cantos de kiirtan
y meditación guiada.

Para descargar estos dos MP3 gratuitamente ir a
www.anandamargamx.com/meditacionguiada/

Ingrese su nombre, ciudad y e-mail
y la liga automáticamente le remitirá al sitio

www.ingramcontent.com/pod-product-compliance
Lightning Source LLC
Chambersburg PA
CBHW021106080526
44587CB00010B/399